AF531939

# GEWALTFREIE KOMMUNIKATION MIT KINDERN

## Sag Ja, zu GFK!

---

Wie Sie Kinder richtig verstehen und Konflikte mit Respekt und Empathie lösen – In einfachen Schritten zu einer harmonischen Eltern-Kind-Beziehung

# INHALT


Einleitung 1

Was ist „Gewaltfreie Kommunikation"? 3

Bedürfnisse von Kindern & Eltern 5

Giraffensprache – wertschätzende & verbindliche Kommunikation 13

1. Einfühlsames Zuhören 16

2. Selbstempathie 17

3. Selbstausdruck 17

Ursachen für Konflikte zwischen Eltern und Kindern 22

Das Kind zu etwas zwingen 22

Sie verwöhnen Ihr Kind zu sehr 23

Lasche Erziehungsmaßnahmen 23

10 Tipps für eine gewaltfreie Kommunikation 25

1. Hören Sie aufmerksam zu 26

2. Trainieren Sie das Erkennen von Emotionen 26

3. Vermeiden Sie Zeitdruck 27

4. Wägen Sie ein „Nein" gründlich ab 28

5. Sorgen Sie für körperliche Aktivitäten bei Stresssituationen 28

6. Schaffen Sie gemeinsame positive Erlebnisse 29

7. Emotionale Unterstützung bei einschneidenden Erlebnissen Ihres Kindes 29

9. Versetzen Sie sich in Ihr Kind hinein 30

10. Entdecken Sie die Gründe, warum Ihr Kind ausflippt 31

Kinder und Disziplin 32

Kindern ein Vorbild sein 36

Durch Vorbilder lernen wir 36

Ist es Bürde oder Chance ein Vorbild zu sein? 37

Es ist noch kein Meister vom Himmel gefallen ........ 38
Wie ein gesunder Lebensstil Sie und Ihr Kind beeinflussen kann ........ 40
Umgang mit schwierigen Situationen ........ 42
Verlust der Nähe in der Pubertät ........ 43
Kinder unter sich ........ 45
Bereits in der Kita können Konflikte entstehen ........ 46
Konflikte zwischen älteren und jüngeren Kindern ........ 50
Als Eltern sind Sie nur ein Mediator ........ 56
1. „Meins" oder „Deins"? ........ 57
2. „Revierkämpfe" ........ 57
3. Um Aufmerksamkeit buhlen ........ 58
4. Angestaute Wut ........ 58
5. Sich überschätzen/sich überlegen fühlen ........ 58
6. Rangfolge ........ 58
7. Aus Langeweile ........ 59
1. Kinder sind noch sehr jung ........ 61
2. Nehmen Sie den Streit Ihrer Kinder ernst ........ 61
3. Hören Sie wirklich jedem Kind richtig zu ........ 61
4. Kinder holen Sie zur Hilfe ........ 62
5. Gemeinsam die Lösung generieren ........ 62
Nie im Wohle des Kindes: Gewalterfahrungen ........ 65
Häusliche Gewalt zwischen den Partnern ........ 65
Wenn sich die Gewalt gegen das Kind richtet ........ 73
Bagatellisierung ........ 74
Verdrängung ........ 74
Kein Vertrauen in menschliche Beziehungen ........ 75
Kaum fähig, Konflikte richtig aufzulösen ........ 75

Identifikationsprobleme entstehen ........ 75
Selbstliebe kaum existent ........ 75
Probleme damit, sich abzugrenzen ........ 76
Umgang mit den eigenen Kindern ist schwierig ........ 76
Unkontrollierbare Wut ........ 76
Fazit ........ 78
Quellen ........ 82
Allgemein ........ 82
Disziplin & Angst ........ 82
Bedürfnisse ........ 82
Kinder unter sich ........ 82
Kindern ein Vorbild sein ........ 83
Folgeschäden durch Gewalterfahrungen ........ 83
Borderline ........ 83
Links zu den PDFs ........ 83

# Einleitung

Vor einigen Jahren bin ich mit dem Regionalzug zu meinen Eltern gefahren. Mit an Bord waren ein kleiner Junge von etwa vier oder fünf Jahren sowie dessen Mutter. Das Kind zappelte die ganze Zeit auf dem Schoss seiner Mutter herum. Sie versuchte ihren Sohn irgendwie zum normalen Sitzen zu überreden. Allerdings sagte sie die nicht glücklich gewählten Worte: „Mama möchte das nicht." Diesen Satz wiederholte die Dame mehrere Male. Schon damals fragte ich mich, ob es zwischen Eltern und Kindern nicht eine bessere Art der Kommunikation gibt.

Mittlerweile bin ich selbst Mutter zweier Kinder sowie alleinerziehend. Mein Sohn ist fünf Jahre alt und meine Tochter ist zwei Jahre alt. Und klar, hin und wieder stoße ich ebenfalls an meine Grenzen. Dennoch wusste ich von Anfang an, dass ich mit meinen Kindern anders kommunizieren wollte. Was ich damals in der Situation mit der Mutter und ihrem kleinen Jungen nicht verstand war, dass sie ihrem Kind keinerlei Erklärung mitgab. Es hieß immer nur: „Mama möchte das nicht." Wir alle waren mal Kinder und wir alle wissen, dass genau *das* uns anspornt, das Gegenteil zu tun. Doch wenn dem Kind eine Erklärung mitgegeben wird, beispielsweise „Es stört mich, dass du auf mir herumzappelst. Es tut mir sogar weh. Zudem fühlen sich die anderen Zuggäste gestört.", dann kann das Kind etwas mit „Mama möchte das nicht." anfangen. Es begreift mit der Zeit, dass sein Verhalten unangebracht ist.

Ich habe, seit ich Mutter geworden bin, viele Ratgeberbücher verschlungen und viel im Internet recherchiert. Gerade das Thema Kommunikation hat mich brennend interessiert. Schon damals vor fünf Jahren stieß ich auf das Thema „Gewaltfreie Kommunikation mit Kindern". Eine Methode, die ich selbst so gut es eben geht bei meinen Kindern von Anfang an angewendet habe. Die gewaltfreie Kommunikation hat vier grundlegende Eckpfeiler - Harmonie, Wertschätzung, Respekt und

Kooperation. Natürlich erfordert es von uns Eltern viel Geduld, Beharrlichkeit als auch das richtige Bewusstsein für die Bedürfnisse des Kindes, aber ebenso für uns selbst zu entwickeln.

Folgende Auflistung dient als erster Überblick:

- Kinder lernen durch uns: Wir als Eltern sind das Vorbild, deswegen sollten Eltern ebenso respektvollen Umgang mit Menschen vorleben.
- Kinder, aber auch Erwachsene lassen sich oft fremdbestimmen: Sie fürchten (Bestrafung) oder ersehenen (Belohnung) die Konsequenzen.
- Seien Sie als Eltern so emphatisch wie möglich: Es wird sich im Selbstbewusstsein Ihres Kindes widerspiegeln.
- Niemals über eine Situation urteilen: Versuchen Sie eher Beobachtungen wiederzugeben und nehmen Sie die Stimmung Ihres Kindes wahr -> Sie dürfen auch Ihrem Kind Fragen stellen, wieso es gerade so oder so reagiert.
- Der Ton macht die Musik: Bitten Sie als Eltern Ihr Kind um etwas, vermeiden Sie den typischen Befehlston, den manche Eltern nutzen.
- Nehmen Sie die Gefühle, Ängste als auch Bedürfnisse Ihres Kindes ernst: Zeigen Sie Wertschätzung.

# Was ist „Gewaltfreie Kommunikation“?

Im ersten Kapitel möchte ich die „Gewaltfreie Kommunikation“ näher erläutern, bevor wir uns Stück für Stück immer tiefer in die Materie einarbeiten. Schließlich sollten Sie von Anfang an verstehen, worum es bei dem Thema gewaltfreie Kommunikation geht.

Wie der Name schon sagt, bedeutet gewaltfreie Kommunikation in erster Linie, dass keine non-verbale Kommunikation stattfindet. Sprich: Gewaltanwendung ist absolut tabu. Es gibt immer bessere Wege, miteinander zu kommunizieren, zum Beispiel mit Worten sowie Gesten. Aber auch Worte und Gesten können massiv verletzend sein. Was viele oftmals nicht verstehen ist, dass Gewalt eben nicht nur auf non-verbalen Ebenen stattfindet. Die gewaltfreie Kommunikation zeigt uns auf, dass wir eher rücksichtsvoll miteinander agieren sollten.

Zudem sollten wir lernen, Konflikte offen anzusprechen, um gemeinsam eine Lösung zu finden. Weiterhin müssen die Bedürfnisse aller berücksichtig werden. Da ich selbst Mutter bin, weiß ich, wie schwer es im Alltag ist, immer klare Formulierungen zu finden und diese den Kindern so respektvoll wie möglich zu vermitteln. Gerade auch, weil ich meinen beiden Kleinen zeigen möchte, dass man niemanden beleidigen oder herabstufen muss, um seine Meinung zu unterstreichen. Meine Kinder sollen lernen, Konflikte langfristig bzw. dauerhaft zu lösen. Darüber hinaus schaffe ich es mit Hilfe der gewaltfreien Kommunikation bei meinen Kindern mehr Verständnis zu erzeugen. Es gibt nur noch selten Situationen, wo beide Parteien, also ich und die Kinder, mit einem schlechten Gefühl aus der jeweiligen Situation gehen. Oftmals ist es so, dass wir gemeinsam Lösungen finden.

Wie auch Sie lernen können, die gewaltfreie Kommunikation anzuwenden, werden Sie nach und nach in den nachfolgenden Kapiteln lernen. Vorweg: Es ist in vielerlei Hinsicht ein langwieriger Prozess, der ebenso viel Geduld erfordert. Sie werden aber sehen, es lohnt sich. Ihre Kinder werden ausgeglichener sein und Sie ebenso. Symbolisch arbeitet die gewaltfreie Kommunikation mit zwei Tieren aus dem Tierreich. Das hilft nicht nur den Kindern, die gewaltfreie Kommunikation zu verstehen. Auch uns Erwachsenen wird dadurch sehr gut vermittelt, worauf es ankommt. Auf der einen Seite haben wir nämlich die Giraffe. Durch ihren langen Hals symbolisiert das Tier Weitsicht. Darüber hinaus besitzen Giraffen das größte Herz unter den Säugetieren an Land. Dies steht in der Symbolik der gewaltfreien Kommunikation bei Kindern für das gegenseitige Mitgefühl. Dem Ganzen gegenüber steht der Wolf. Der Wolf steht hierbei für die Kritik, Bedrohung, Forderung sowie Manipulation. Weiterhin werden dem Wolf ebenso die Interpretation, die Analytik, das Lob, die Komplimente und die Belohnung zugeschrieben.

Bevor Sie in diesem Buch weiterlesen, beantworten Sie für sich bitte die nachfolgenden Fragen. Am Ende des Buches und nach den ersten Versuchen, die gewaltfreie Kommunikation anzuwenden, können Sie sich diese Fragen nochmal stellen.

Wenn Sie alle Fragen dann mit „ja“ beantworten können, haben Sie es geschafft.

- „Bin ich mir bewusst, wenn ich wertend rede?“
- „Habe ich in der Kommunikation mit meinem Kind zum Ausdruck gebracht, wie meine und seine Gefühle sowie Bedürfnisse sind?“
- „Kann ich sicher sein, dass mein Kind versteht, was ich von ihm möchte?“
- „Habe ich meinem Kind geholfen, seine eigene Bitte klar zu formulieren, wenn es Schwierigkeiten damit hat?“
- „Verstehe ich, wieso mein Kind gerade „nein“ zu etwas sagt?“
- „Versteht mein Kind, wieso ich „nein“ zu etwas sage?“
- „Bin ich klar in meinen Aussagen, sodass es mein Kind überhaupt versteht?“

# Bedürfnisse von Kindern & Eltern

In diesem Kapitel soll es darum gehen zu verstehen, was die eigentlichen Bedürfnisse von Kindern und dessen Eltern sind. Um die wahrhaftigen Bedürfnisse von Kindern zu konkretisieren, hilft uns ein Blick in die Entwicklungspsychologie. Demnach haben Kinder diese grundlegenden Bedürfnisse:

1. Die offensichtlichen körperlichen Bedürfnisse, die jeder Mensch von uns besitzt. Dazu gehören Dinge wie Essen und Trinken, Schlafen, Wach-Ruhe-Zeiten, Ausscheidungen, Zärtlichkeit sowie körperliche Nähe.
2. Bedürfnis nach Schutz ist bei Kindern sehr ausgeprägt. Das ist nur natürlich, denn Kinder sind neben den Alten und Kranken die Schwächsten in unserer Gesellschaft. Kinder benötigen beispielsweise Schutz von uns bei Gefahren, Krankheiten, materiellen Unsicherheiten oder Wettererscheinungen wie Donner und Blitz.
3. Kinder benötigen von uns Erwachsenen einfühlsames Verständnis sowie soziale Bindungen. Kinder benötigen von uns Erwachsenen eine Anleitung zum Dialog. Kinder benötigen, wie wir auch, Verständnis in allen Lebenslagen. Sie müssen sich zudem zugehörig fühlen, das sollte insbesondere innerhalb der Familie der Fall sein. Aber ebenso kann hier die Zugehörigkeit zu Freunden oder Klassenverbund gemeint sein.
4. Wertschätzung ist für Kinder extrem wichtig. Sie sollten Ihr Kind nicht nur bedingungslos lieben, sondern ebenso bedingungslos anerkennen, dass Ihr Kind sowohl seelisch als auch körperlich eine wertvolle eigene Persönlichkeit ist. Unterstützen Sie Ihr Kind, wann immer es geht.
5. Besonders Kinder sind immer wieder fasziniert von der Welt, die

täglich neu entdeckt werden will. Diese kindliche Neugierde beruht auf dem Grundbedürfnis nach Anregung und Spiel. Spielend die Welt entdecken, das tun Kinder nun mal. Als Eltern können Sie Ihr Kind jederzeit unter die Arme greifen und es erleben und erforschen lassen.

6. Das Bedürfnis nach Selbstverwirklichung besitzen nicht nur Kinder, auch Erwachsene, die unabhängig sein wollen und sich beruflich selbstständig machen, fallen in diese Kategorie. Kinder können Sie dabei unterstützen, sich selbst zu finden, indem Sie Ihren Kindern Methoden aufzeigen, wie Lebensängste bewältigt werden können. Weiterhin können Sie Ihr Kind bei seiner eigenen Entwicklung seines Bewusstseins helfen. Zudem können Sie als Eltern dazu beitragen, dass Ihr Kind das gewaltfreie Durchsetzen der eigenen Bedürfnisse erlernt.

Als Nächstes beschäftige ich mich mit den Bedürfnissen der Eltern. Es ist tatsächlich nicht immer selbstverständlich, dass Eltern sich eigene Bedürfnisse im Umgang mit ihren Kindern zuschreiben. Für sie steht immer das Kind im Mittelpunkt. Andere wiederum scheinen ihre eigenen Bedürfnisse gar nicht zu (er)kennen. Vielleicht denken auch Sie, dass die gewaltfreie Kommunikation ohne jegliche Disziplin auskommt und dass es bedeuten würde, man achtet nur noch auf die Bedürfnisse des Kindes. Beides ist allerdings nicht korrekt. Bei der gewaltfreien Kommunikation zwischen Eltern und Kindern gibt es sehr wohl Disziplin. Aber diese äußert sich eben nicht darin zu bestrafen, anzuschreien oder handgreiflich zu werden, sondern fußt eben auf vier Eckpfeilern: Harmonie, Wertschätzung, Respekt und Kooperation. Alle vier Dinge zusammen bringen ebenfalls eine Form der Disziplin mit sich. Wenn wir harmonisch und respektvoll miteinander umgehen, uns gegenseitig wertschätzen und immer dann kooperieren, wenn wir bei einer Sache Hilfe benötigen, dann scheint mir das sogar die höchste Form der Disziplin zu sein und jeder in der Familie ist entspannt sowie ausgeglichen. Im Fokus stehen aber sowohl die Bedürfnisse des Kindes sowie dessen Eltern. Das darf nie außer Acht gelassen werden.

Doch wie finden Eltern ihre eigenen Bedürfnisse wieder oder erkennen diese als solche? Ich kann Ihnen sagen, gerade mein zweites Kind war kein einfaches Baby. Es hatte ständig Bedürfnisse, die es ebenso laut kundtat. Es war leider zu dem Zeitpunkt mehr oder weniger normal, dass mein Sohn ein wenig auf der Strecke blieb. Das Problem dabei war aber, dass ich zu jener Zeit völlig außen vor war. Ich hatte auch stark das Gefühl, dass ich alles für meine Kinder geben muss, damit beide glücklich und zufrieden sind. Aber meine eigenen Bedürfnisse existierten schon gar nicht mehr. Mit der Zeit stellte ich jedoch fest, dass mein Sohn auffälliges Verhalten zeigte. Ich führte es immer darauf zurück, dass ich mich verstärkt um seine kleine Schwester kümmerte. Da ich mich aber von Anfang an mit dem Thema Kommunikation mit Kindern beschäftigt habe, ging mir irgendwann ein Licht auf. Es lag natürlich nicht an meinem Sohn oder daran, dass ich mich vermehrt um das Baby gekümmert habe. Es lag ganz allein bei mir, da ich nicht klar genug kommunizierte, welches Bedürfnis ich gerade habe.

Das spiegelte sich dann ganz stark im Verhalten meines Sohnes wider. Mir fiel auf, dass es viel schwerer ist, die eigenen Verhaltensweisen aufzubrechen und mit anderen Verhaltensmustern zu ersetzen. Es gelang mir zwar hin und wieder bei meinem Sohn dies durchzusetzen, aber bei mir selbst war es viel schwieriger, ein neues Verhalten an den Tag zu legen. Nichtsdestotrotz musste ich erkennen, dass ein Umgang, der bedürfnisorientiert ist, nicht gleichzeitig bedeutet, dass die Eltern keine Bedürfnisse mehr haben dürfen. Unsere Bedürfnisse müssen absolut gegenwärtig im Umgang mit unseren Kindern sein.

Sicherlich gibt es verschiedene Wege, wie man als Eltern die eigenen Bedürfnisse nicht außer Acht lässt in der Kommunikation mit unseren Kleinsten. Selbstverständlich ist es dabei völlig okay, erst einmal zu schauen, welche Bedürfnisse mein Kind gerade verspürt. Kinder müssen eben von uns angeleitet werden. Sie werden Schwierigkeiten haben, sich klar zu äußern, wenn ihnen etwas missfällt. Innerhalb der elterlichen Bindung zum Kind ist eben absolut normal, dass wir zuerst an unser Kind denken. Im nächsten Schritt sollten wir Eltern aber immer dafür Sorge tragen, dass unsere eigenen Bedürfnisse berücksichtigt sind.

Vielleicht gehören Sie zu den Menschen, die im Normalfall schon immer achtsam mit sich und dem eigenen Körper sowie der eigenen Psyche umgegangen sind. Wenn dies der Fall ist, dann wird es Ihnen wesentlich leichter fallen, Ihre eigenen Bedürfnisse zu erkennen. Wenn Sie eher zu den Eltern gehören, die ihren Blick eher auf das Kind ausgerichtet haben, dann können Sie lernen, diesen achtsamen Blick auch auf sich selbst anzuwenden. Beide Varianten können zum Erfolg führen. Es liegt auf der Hand, dass sich die Bedürfnisse unserer Kinder nur im seltensten Fall mit unseren eigenen Bedürfnissen kreuzen. Manchmal ist man sogar weit voneinander entfernt.

Wir alle wissen, Kinder benötigen Zeit, um Dinge zu verstehen und diese dann beim nächsten oder übernächsten Mal richtig umzusetzen. Das erfordert von uns Eltern viel Geduld und Verständnis. So wie wir versuchen, uns in unser Kind hinzuversetzen, muss unser Kind lernen, sich in uns und andere Menschen hineinzuversetzen. Erst wenn Eltern und das Kind begreifen, dass beide Seiten Bedürfnisse haben, kann ein beidseitiges Verständnis stattfinden. Aber schon vorher wäre es wünschenswert, wenn unser Kind verstehen würde, dass wir ebenfalls Bedürfnisse haben und es vielleicht gerade nicht seinen Willen bekommen kann. Wie also können Sie, liebe Eltern eine Selbstfürsorge für sich entwickeln? Es liegt nicht in der Verantwortung Ihres Kindes dies zu tun, sondern Sie müssen aktiv dafür sorgen.

Was können Sie also konkret tun?

- Zunächst einmal sollten Sie autonomes Spielen Ihrer Kinder fördern. Wenn unsere Kleinsten allein beschäftigt sind, haben wir mehr Zeit für uns selbst. Es bedarf dann nämlich keinerlei Überredung, uns für eine halbe Stunde oder Stunde in Ruhe zu lassen. Sie machen es freiwillig und sind vertieft in ihrem Spiel. Die perfekte Zeit für uns selbst.

- Ihre freie Zeit oft gemeinsam mit dem Kind verbringen. Dabei können Sie Aktivitäten wählen, bei denen Sie selbst Entspannung finden, zum Beispiel ein Besuch im Tiergarten oder dem Schwimmbad. Auch ein gemeinsamer Gesellschaftsspieleabend kann dazu beitragen, dass sowohl das Kind als auch die Erwachsenen entspannt sind. Wenn Ihnen nicht so viel einfällt, was Sie gemeinsam mit Ihrem Kind unternehmen können, dann legen Sie sich doch eine Liste zu. Pinnen Sie die Liste an den Kühlschrank und tragen Sie immer wieder Ideen ein, sobald Ihnen eine einfällt.
- Kraft tanken an bestimmten Orten (fast) ohne Einschränkungen. Nehmen wir beispielsweise an, Sie gehen zusammen mit Ihrem Kind auf einen umzäunten Spielplatz. Auf diesem Spielplatz kann Ihr Kind nicht weglaufen. Sie müssen also keine Angst haben. Sie können sich ein Buch nehmen und hin und wieder Ihrem Kind beim Spielen zuschauen. Natürlich können Sie auch gemeinsam mit Ihrem Kind spielen. Nur achten Sie darauf, dass Ihr Kind ebenso fähig ist, alleine zu spielen. Jedenfalls können Sie Orte für gemeinsame Aktivitäten wählen, wo Sie nicht permanent - „Mach das nicht.“, „Tue dies nicht.“ oder „Jetzt pass doch mal auf.“ - rufen müssen. Ihr Kind fühlt sich nicht in seinem Spiel und seinen Entdeckungstouren sowohl unterbrochen als auch unterdrückt und gleichzeitig sind Ihre Nerven geschont. Weitere Orte zum Krafttanken für Eltern und Kinder sind große Wiesen im Park, kinderfreundliche Museen oder Cafés sowie eine interessante Waldlichtung.

Analysieren Sie einmal Ihre persönlichen Bedürfnisse und setzen Sie diese geschickt um. Ich erkläre Ihnen, wie Sie das schaffen können.

- Sie können zum Beispiel als Eltern untereinander ausmachen, dass zu bestimmten Zeiten Papa oder Mama für die Kinder verantwortlich ist. In dieser Zeit können Sie also getrost Ihrem Partner oder Ihrer Partnerin das Ruder überlassen. Sie haben dann endlich Zeit für sich. Es sagt niemand, dass immer Sie der erste Ansprechpartner für das Kind sein müssen.
- Wenn Sie allerdings gerade das Ruder in der Hand haben und dennoch etwas Ruhe möchten, dann können Sie zum Beispiel zusammen mit Ihrem Kind ein schönes Hörspiel anhören. Ihr Kind wird automatisch ruhiger werden. Zudem können Sie gleichzeitig Nähe fördern, indem Sie vorab die Couch oder den Boden gemütlich machen mit einer Decke sowie Kissen. Stellen Sie ebenso ein paar Snacks bereit und kuscheln Sie ein wenig mit Ihrem Kind. Lauschen Sie gemeinsam dem Hörspiel und genießen Sie einfach die gemeinsame Ruhe.
- Leiden Sie unter typischem Schlafmangel als Erziehungsberechtigter oder -berichtigte? Wenn Sie bemerken, dass Ihr Kind ebenfalls müde ist, dann spricht überhaupt nichts dagegen, den Mittagsschlaf zusammen abzuhalten. Das baut erstens Nähe sowie Geborgenheit auf und das Kind fühlt sich gleichzeitig geschützt. Selbstverständlich sollten Sie nicht jeden Mittagsschlaf gemeinsam bestreiten, schließlich sollen Ihre Kinder eigenständig werden. Aber hin und wieder ist eine Mütze voller Schlaf einfach notwendig. Da ist es passend, dass unsere Kleinsten ohnehin Mittagsschlaf halten. Schließen Sie sich dem einfach an.
- Streit unter Geschwistern durch Ablenkung lösen. Wenn Kinder streiten, dann können schon mal die Fetzen fliegen und die Nerven der Eltern liegen blank. Anstatt aber jedes Mal zu schlichten oder die Aussprache der Kids untereinander zu fördern, können Sie, gerade wenn die Kinder noch sehr jung sind, einfach für Ablenkung sorgen. Sagen Sie einfach: „Wer hat Lust auf einen Ausflug in den

Zoo?“ oder „Wer möchte Oma und Opa besuchen?“. Das stellt zwar augenscheinlich eine Belohnung für das schlechte Betragen dar, aber Sie müssen es einmal so betrachten: Sie schonen Ihre Nerven und die Kinder können sich bei einem Spaziergang abreagieren. Kinder haben das Recht, auch mal wütend zu sein und sich zu streiten - wie wir Erwachsenen auch. Sie können ja auf dem Weg zum Zoo oder zu den Großeltern noch mal den Streit ansprechen, um zu erfahren, was das eigentliche Problem ist. Wenn Sie gerade keinen Ausflug mit den Kindern machen möchten, dann können Sie sich andere Outdoor- oder Indoor-Aktivitäten überlegen. Vielleicht genügt schon ein gemeinsamer Mal- und Bastelnachmittag oder das Spielen im Garten.

Langsam verstehen Sie, dass das Glück zur Erfüllung der eigenen Bedürfnisse nur etwas Kreativität erfordert. Sie können passende Lösungsansätze finden. Es muss ganz und gar nicht immer etwas Süßes sein, um die Kinder zu „bestechen“. Tun Sie doch einfach sich und den Kindern einen Gefallen und finden Sie Aktivitäten, die Ihnen als Familie Spaß machen und bauen Sie diese geschickt in Ihren Alltag ein.

Lernen Sie einfach, dass es nicht immer „entweder - oder“ sein muss, sondern dass es viele „sowohl als auch“ geben kann. Erziehen Sie Ihr Kind beispielsweise dahingehend, dass es Ihnen beim Haushalt unter die Arme greift, denn danach haben Sie zusammen so viel mehr freie Zeit. Wenn Ihr Kind nicht einschlafen kann, dann zwingen Sie es nicht dazu, sondern schauen Sie sich zusammen eine Tierdokumentation im Fernsehen an oder lesen Sie Ihrem Kind noch mal eine Geschichte vor. Sie haben einen dringenden Termin, aber Ihr Kind hört nicht mehr auf zu quengeln, weil es möchte, dass Sie zu Hause bei ihm bleiben? Die einfache Lösung: Nehmen Sie Ihr Kind mit, wenn der Termin es zulässt. Ihr Kind ist ein Teil Ihres Lebens, deshalb binden Sie es so stark in Ihren Alltag ein wie möglich.

Ich persönlich habe mit diesen vielen kreativen Kniffen sehr gute Erfahrungen gemacht. Mein Sohn wurde wieder ruhiger und meine Kleinste, mein Partner und ich kamen ebenfalls nicht zu kurz. Mit etwas Geschick schaffen Sie es auch, die kindlichen und die elterlichen Bedürfnisse zu vereinen. Natürlich spricht nichts dagegen, wenn Sie ebenso kinderfreie Zeiten einplanen. Sei es, dass Ihr Partner oder Ihre Partnerin für ein paar Stunden der Ansprechpartner für die Kids ist oder dass die Kinder bei Freunden oder Verwandten übernachten. Sie können es schaffen, so viel „quality time" für alle Familienmitglieder herauszuholen. Wichtig ist nur, dass Sie als Eltern Lösungen anbieten. Wenn Ihre Kinder reifer sind, dann können diese ebenfalls zu Lösungsfindungen beitragen. Alles zusammen genommen trägt zu einem harmonischen Miteinander bei. Ein erstrebenswertes Ziel, finden Sie nicht?

# Giraffensprache – wertschätzende & verbindliche Kommunikation

Viele Ratgeber preisen Härte und Konsequenz innerhalb der Erziehung von Kindern an. Es klingt erst einmal realistischer, sein Kind mit Strenge zu erziehen oder bockige Kinder sowie aufmüpfige Jugendliche mit Kritik am Verhalten zu bestrafen. Doch sieht man genauer hin, wird jeder bemerken, dass hinter diesem Verhalten Gründe stecken. Es kann ziemlich zermürbend sein, immer Verständnis für unsere kleinen und großen Kinder zu zeigen, aber schlussendlich ist jeder Mensch unterschiedlich. Unter Erwachsenen würden Sie vermutlich niemals denselben Ton annehmen, den Sie manchmal beim Rügen Ihrer Kinder annehmen. Wie kommt das? Erwachsene sind zwar bereits vollwertige Individuen mit einer grundlegenden Erziehung, aber nichtsdestotrotz bleiben wir alle eben eines: einzigartig.

Kinder sind zwar noch formbar und sind noch nicht in ihrem Wesen gereift, das bedeutet aber nicht, dass ein Kind nicht ebenfalls das Recht hat, mal wütend zu sein oder mal über die Stränge zu schlagen. Das tun wir als Erwachsene ebenfalls. Davor ist niemand gefeit. Sehen Sie noch genauer hin! Sie werden erkennen, dass Ihr Kind den Großteil seiner Zeit eigentlich nur eines möchte: Ihnen imponieren. Kinder sind wie wir Erwachsene auf Belohnung, Zuwendung sowie Geborgenheit aus. Das Bedürfnis nach Liebe besitzen wir eben alle, egal ob groß oder klein. Vielleicht lohnt es sich für Sie einmal hinter das bockige Kind zu blicken. Wieso verhält es sich so? Welche Laus ist ihm über die Leber gelaufen? Muss es immer die strenge Erziehung maßregeln?

Ich zeige Ihnen nun ein paar Beispiele im Alltag, die Sie sicherlich im Umgang mit Ihren Kindern kennen. Zudem erkläre ich, wie Sie positives

Verhalten Ihres Kindes stärken können und wie dabei die gewaltfreie Kommunikation helfen kann.

Jeden Samstag lesen Sie gerne in Ihrer Tageszeitung. Sie bemerken allerdings, dass Ihr Kind seine Buntstifte ausgepackt hat und fröhlich auf der noch nicht gelesenen Tageszeitung herumkritzelt. Falsch wäre hierbei erzürnt zu sagen: „Hör auf, meine Zeitung vollzumalen. Wieso machst du das ständig?" Der gewaltfreie Kommunikationsansatz wäre hier: Sie geben Ihrem Kind alternativ einen Zeichenblock und sagen dazu in einem verständnisvollen Ton: „Es ist nicht nett, wenn du auf der Zeitung herumkritzelst, ich möchte sie noch lesen. Mal doch lieber auf dem leeren Zeichenpapier". Die Idee hinter dem Beispiel? Sie hören auf Ihrem Kind zu sagen, was es lassen soll, sondern zeigen lieber einen Weg auf, wie es diese Situation in Zukunft besser machen kann.

Gewaltfreie Kommunikation ist, wie Sie bereits vermuten werden, nicht nur ein gutes Mittel, um Kinder zu erziehen, sondern es kann in jeder Lebenslage Anwendung finden. Es spielt keine Rolle, ob es sich dabei um berufliche, familiäre oder partnerschaftliche Angelegenheiten geht. Aus diesem Grund dreht sich das nächste Beispiel mal nicht um die Erziehung unserer Kleinsten. Man kann viel mehr sagen, es geht darum, wie Sie Ihren Umgang mit Ihrem Partner oder Ihrer Partnerin verbessern können. Es folgt das Beispiel: Ihre Partnerin kommt deprimiert von der Arbeit.

Ein wichtiges Projekt hat nicht den gewünschten Erfolg gebracht. Sie gibt sich bereits die Schuld an dieser Misere. Jetzt kommen Sie als Ihr Partner und sagen zu Ihr, was sie hätte besser machen können. Ihre Partnerin motzt Sie daraufhin an. Sie sagt: „Hör auf so neunmalklug zu sein!? Das kann ich gerade nicht gebrauchen!" Dieses Verhalten Ihrer Partnerin wäre falsch, da es den Vulkan erst recht zum Überkochen bringt. Wie könnte Ihre Partnerin es also besser machen? Sie könnte als Erstes zugeben, dass sie Fehler gemacht hat und dann über ihr eigentliches derzeitiges Bedürfnis sprechen. Es folgt der Beispielsatz: „Mir ist klar, dass ich dieses Projekt verbockt habe. Ich möchte davon aber nichts mehr hören. Bitte nimm mich lieber in den Arm und drück mich."

Die gewaltfreie Kommunikation beruht auf drei Grundsäulen. Der amerikanische Psychologe Marshall B. Rosenberg hat die gewaltfreie Kommunikation in den 70er-Jahren entwickelt. Ca. 13 Jahre später hat er seine Forschung der Öffentlichkeit präsentiert. Zunächst war seine Methode nur im englischsprachigen Raum bekannt. Nach und nach schwappte die Welle nach Europa und schließlich nach Deutschland. Mittlerweile gibt es weltweit Anhänger seiner Lehrmethoden. Das kommt nicht von ungefähr, denn die gewaltfreie Kommunikation fördert in jedem von uns die Fähigkeit, zu seinen Gefühlen und Bedürfnissen zu stehen und gleichzeitig die gleiche Empathie für unser Gegenüber zu besitzen. Vielmehr geht es um den Gedanken, gemeinsam passable Lösungen zu finden, ohne dass sich jemand dabei herabgestuft fühlt. Mit jeder neuen Anwendung der gewaltfreien Kommunikation lernen Sie auf Ihre natürliche Fähigkeit, einfühlsam zu sein, besser zu achten. Im Kontakt mit Ihren Mitmenschen werden Sie vielmehr Klarheit sowie Aufrichtigkeit entdecken. Die positiven Nebeneffekte sind gravierend: Jeder wird ausgeglichener und zufriedener sein. Weiterhin wird sich die Qualität des Wohlbefindens auf allen Seiten steigern.

Sie fragen sich vermutlich, ob es sich bei der gewaltfreien Kommunikation um eine innere Haltung oder um eine Technik der Gesprächsführung dreht. Beides ist korrekt. Vielmehr ist die gewaltfreie Kommunikation das Bewusstsein, auf die Bedürfnisse unseres Gesprächspartners als auch das Bedürfnis in uns selbst zu achten.

Eingangs erwähnte ich, dass die gewaltfreie Kommunikation auf drei grundlegenden Säulen basiert. Zum einen hätten wir das mitfühlende Zuhören und die Empathie für uns selbst und zum anderen wäre da der reflektierte sowie respektvolle Selbstausdruck. Keiner dieser drei

Säulen ist in ihrer Bedeutung höher oder niedriger gewichtet. Der Hintergrund: Erst durch das Zusammenkommen aller drei Säulen kann ein werterhaltendes Miteinander erreicht werden. Nachfolgend werden alle drei Säulen näher beschrieben:

**1. Einfühlsames Zuhören**

Das menschliche Zusammenleben kann nur funktionieren, wenn wir alle die Fähigkeit besitzen, einfühlsam zuzuhören sowie auch für unsere Mitmenschen Verständnis aufzubringen. Einfühlsames Zuhören ist jedoch mehr als einfach nur zuhören. Im Prinzip sollten Sie in diesen Momenten ganz bei Ihrem Gegenüber sein. Darüber hinaus sind wir emotional eingebunden und ordnen das Gehörte logisch ein. Die Qualität unseres gemeinsamen Gespräches wächst, wenn wir gegenseitig einfühlsames Zuhören nutzen. Das ist die Art der Qualität, die unser Vertrauen in der Person gegenüber bildet. Zudem sind wir berührt von so viel Anteilnahme. Jemanden zu verstehen bedeutet allerdings nicht, grundlegend mit dem, was der Sagende ausdrückt, einverstanden zu sein. Aber wir akzeptieren seine Meinung, schlüpfen mal in seine/ihre Sicht der Dinge und wissen, dass jeder Mensch seine Gründe hat, weswegen er so handelt. Durch das einfühlsame Zuhören können wir die gegenseitigen Bedürfnisse besser erkennen. Zusammen kann dann besser an einer passenden Lösung gearbeitet werden.

Es gibt Menschen, die sind von Natur aus gute Zuhörer und gleichzeitig einfühlsam bei der Sache. Wiederum andere müssen auf diese Gabe der Natur erst hören lernen und sich erst zu einem einfühlsamen Zuhörer entwickeln. Ich möchte aber an dieser Stelle nochmals betonen, dass das Verstehen für eine Meinung, Situation oder Bedürfnis den Zuhörenden zu nichts verpflichtet. Aber mit einfühlsamem Zuhören erreichen Sie, dass sich Ihr Gesprächspartner geborgen und unterstützt fühlt.

**2. Selbstempathie**

Vielleicht bemerken Sie es nicht immer, aber wir reden oft mit uns selbst, auch wenn dieses Zwiegespräch nur innerlich stattfindet. Geläufiger sind für uns vermutlich eher die Begriffe „grübeln", „reflektieren" oder auch „nachdenken". Sie beschreiben aber alles dasselbe - unser inneres Selbstgespräch. Das Zwiegespräch mit uns selbst wird beispielweise durch unsere Emotionen, Bedürfnisse und Moralvorstellungen beeinflusst, aber auch durch eine innere Bewertungsskala, mit der wir uns selbst, andere und Situationen bewerten.

Wir fällen bereits Urteile über andere oder gar uns selbst bei der kleinsten Kritik an uns oder Missgeschick, welches wir verursachen. Mit Hilfe der Selbstempathie verstehen wir uns selbst besser. Ein Gefühlschaos, das wir tagtäglich erleben, muss eben irgendwie gemanagt werden. Erst wenn wir unsere eigenen Bedürfnisse richtig einschätzen können, können wir zu exakten Lösungen kommen. Wir erkennen, wann wir uns um uns selbst kümmern müssen und wann wir Hilfe von außen benötigen. Mit einer guten Selbstempathie gelingt es uns, uns verständlicher auszudrücken. Wer glücklich und zufrieden sein möchte, der muss an seiner Selbstwahrnehmung arbeiten. Glück beginnt mit uns selbst. Selbstempathie ist unser innerer Kompass, der uns hilft zu erkennen, was wir benötigen und brauchen. Wenn Sie sich auf Übungen zur Selbstwahrnehmung einlassen, können Sie Ihren Ärger aufbrechen, logische Entscheidungen fällen sowie Erfolge feiern. Ferner schaffen Sie es, Ihre Trauer zu einer Angelegenheit schneller in den Griff zu bekommen. Das Ziel von Selbstempathie ist immer die innere Balance mit uns selbst als auch das authentische Ich nach außen zu tragen.

**3. Selbstausdruck**

Als Beispiel für den richtigen bzw. perfekten Selbstausdruck nehme ich als Beispiel „Gewalt". Wenn ich gewaltsam bin in meinem Selbstausdruck, dann dränge ich anderen Menschen meine Bedürfnisse auf.

Zudem erfülle ich mir diese Bedürfnisse auf deren Kosten. Gewalt innerhalb von Gesprächen äußert sich in Form von Kritik. Des Weiteren suchen wir nach einem Schuldigem. Im seltensten Fall sind wir dies selbst. Wenn wir zum Beispiel jemandem sagen, dass wir uns nicht fair behandelt fühlen, dann ist derjenige in unseren Augen schuld. Dieser Mensch alleine scheint dann für unser Unglück verantwortlich zu sein. Von diesem gefährlichen Klima müssen wir Menschen allerdings weg, denn wenn wir immer nur durch Druck sowie Zwang unsere Ziele erreichen wollen, schüren wir ein aggressives Klima innerhalb der Situation. Wer Gewalt innerhalb von Gesprächen anwendet, dem fehlt schlichtweg die Bereitschaft, mit seinem Gegenüber in einen Dialog zu treten.

Wenden wir uns aber alle der gewaltfreien Kommunikation zu, dann erfahren wir eine ganze Menge über uns selbst und andere. Mit der gewaltfreien Kommunikation werden wir uns der Verantwortung unserer eigenen Emotionen sowie Bedürfnisse bewusst und können die Spirale aus Schuldzuweisung, Kritikäußerung und fehlende Empathie durchbrechen. Weiterhin lernen wir, uns verständlich auszudrücken, dabei berücksichtigen wir im besten Fall nicht nur unsere eigenen Bedürfnisse, sondern ebenso die Bedürfnisse unseres Gesprächspartners. ^

Wenn Sie zum Beispiel Unterstützung benötigen, werden Sie viel einfacher über Ihren Schatten springen und um entsprechende Hilfe bitten können. Es geht bei der gewaltfreien Kommunikation jedoch nicht darum, sich gegenseitig etwas Nettes zu sagen, sondern es geht vielmehr darum, eine wertschätzende Bindung mit dem Gegenüber einzugehen. Selbstverständlich ist alles ein Lernprozess und je nachdem, mit wem Sie gewaltfrei kommunizieren, kann es hin und wieder zu Problemen kommen. Das hängt ganz stark damit zusammen, wie viel Reife die einzelnen Gesprächsteilnehmer besitzen. Sie können beispielsweise nicht von einem Kind erwarten, dass es bereits von Anfang an diese benötigte Reife besitzt. Es liegt aber an Ihnen, liebe Eltern, wie Sie Ihre Wortwahl treffen. Ihr Kind lernt von Ihnen. Also versuchen Sie mit Ihren Worten niemals angreifend oder verurteilend zu sein.

Um das Wissen um die Methode der gewaltfreien Kommunikation zu vertiefen, sollten vier Schritte hinzugezogen werden. Im ersten Schritt beobachten sowie bewerten wir eine Situation, eine Person oder ein Gespräch. Der zweite Schritt beinhaltet unsere Gedanken sowie Emotionen dabei. Bedürfnisse erkennen sowie Strategien zur Befriedung der Bedürfnisse zu entwickeln, sind der dritte Schritt bei der gewaltfreien Kommunikation. Der letzte Schritt bezieht sich auf die Bitte, das Bedürfnis umzusetzen. Wie eben erwähnt, handelt es sich beim ersten Schritt zur gewaltfreien Kommunikation um das Beobachten und das Bewerten. Nur wenn die Gesprächspartner das Gesagte analysieren, können sie sich eine Meinung bilden. Wer sich eine Meinung gebildet hat, kommt der Lösungsfindung ein Stück näher. Darüber hinaus sollten Sie aussprechen, wie Sie zu Ihrer Meinung kommen. Welche Beobachtungen sowie Erkenntnisse haben Sie dabei gewonnen? Wenn Sie diese Frage in einem Gespräch beantworten, kann Ihr Gegenüber Ihren Gedankengängen folgen als auch nachvollziehen können. Nicht ganz so einfach ist allerdings das Vermischen beider Positionen (beobachten sowie bewerten). „Dein Zimmer ist ein richtiges Drecksloch. Räum endlich auf." Kommen Ihnen diese Worte bekannt vor? Wenn Sie Ihr Kind wie in diesem eben genannten Beispiel maßregeln, werden Sie bei Ihrem Kind nur Abwehr gegenüber dem Aufräumen erreichen.

Es soll aber eben nicht um Kritikäußerung oder Schuldzuweisung gehen. Es geht eben eher um ein wertfreies Interpretieren der jeweiligen Situation. Vielleicht hilft es Ihnen, um eine wertfreie Meinung zu entwickeln, wenn Sie für sich in einem Gespräch diese Fragen beantworten:

- Was genau ist passiert?
- Was hat das Kind getan?
- Was haben Sie getan?
- Was hat das Kind bereits gesagt?

- Was haben Sie bereits geäußert?
- Durch welche Beobachtungen ziehen wir unsere Schlussfolgerung?

Wenn Sie wertfrei beobachten als auch interpretieren, erhöhen Sie den Effekt, dass Ihr Kind Ihnen weiterhin eifrig zuhört, auch bei weniger angenehmen Themen.

Ich komme nun zu der Unterscheidung zwischen Gedanken sowie Emotionen. Beides nehmen wir als Empfindungen wahr. Sie werden ausgelöst durch äußere, aber besonders auch durch innere Reize. Dank der Reize erkennen wir unsere unerfüllten als auch bereits erfüllten Bedürfnisse. Beispiele für unsere Gedanken sind: „Ich fühle mich ständig müde." oder „Ich habe Angst vor Leuten zu sprechen." Wenn Sie allerdings Gefühle hegen Richtung „Ich fühle mich von Person X/Y gemoppt.", dann ist das eine direkte Schuldzuweisung und hat nichts mit gewaltfreier Kommunikation zu tun. Schließlich sollten wir bei der gewaltfreien Kommunikation versuchen, wertfrei zu sein.

Im folgenden Unterkapitel beschäftige ich mich noch ausführlicher mit dem Thema „Konflikte", insbesondere in Bezug auf Eltern und ihre Kinder. Bereits vorwegnehmen kann ich, dass sich Konflikte oftmals auf der Beziehungsebene abspielen. Wenn Sie bereits von Anfang an mit Verständnis an ein Gespräch herantreten, tragen Sie massiv dazu bei, scheinbar gestörte Beziehungen wieder zu stabilisieren. Alle Menschen besitzen Gefühle. Wenn wir unsere Wertschätzung gegenüber dem Gesprächspartner deutlich machen, wird sich die Gesprächsstimmung eher positiv gestalten. Darüber hinaus wird sich Ihr Gegenüber verstanden als auch sicher bei Ihnen fühlen.

Der dritte Schritt zur gewaltfreien Kommunikation spiegelt sich ja in den Bedürfnissen wider und wie wir diese erfüllt bekommen. Konflikte entstehen jedoch nur, wenn die eigenen Bedürfnisse auf dem Rücken anderer erfüllt werden. Ähnlich sieht es aus, wenn jemand immer nur fordert und fordert. Träfen zwei Fraktionen aufeinander, die ausschließlich Forderungen stellen, dann käme keine adäquate Lösung zustande. Das kommt daher, dass in einem solchen Fall kein Spielraum für Verhandlungen ist. Wird aber von Bedürfnissen ausgegangen, kann ein Bedürfnis auf vielerlei Art erfüllt werden. Hier existiert schlichtweg der Spielraum zur gegenseitigen Verhandlung.

Wenn Ihr Kind also etwas einfordert, dann versuchen Sie zunächst seine Beweggründe zu verstehen. Welche Gefühle und Bedürfnisse hat Ihr Kind gerade? Wieso äußert es sich mit einer Forderung und nicht mit einer Bitte? Durchbrechen Sie als Eltern diesen Kreis und finden Sie zusammen mit Ihrem Kind kreative Lösungen. Dabei sollte im Vordergrund stehen, dass alle Bedürfnisse abgedeckt sind. Das schließt sowohl Ihre Bedürfnisse als auch die Bedürfnisse Ihres Kindes mit ein. Ich versuche nun den Unterschied zwischen Bitten sowie Forderung noch deutlicher zu machen. Wenn Sie um etwas bitten, drücken Sie damit aus, welche Bedürfnisse Ihnen erfüllt werden sollten.

Im Unterschied dazu wäre eine Aufforderung, etwas zu tun, keine Bitte, sondern eine Pflichterfüllung. Wenn Sie also Ihr Kind um etwas bitten, dürfen Sie nicht direkt erwarten, dass Ihr Kind diese Bitte sofort erfüllen wird. Denn es hat ja die Wahlfreiheit. Zwar kann eine direkte Forderung dafür Sorge tragen, dass Ihr Kind schnellstmöglich seiner Pflicht nachkommt, aber es wird dies wohl kaum freiwillig gemacht haben. Zurück bleibt beim Kind nur das Gefühl, die Eltern waren böse mit mir und ich fühle mich schlecht dabei. Das Vertrauen, welches Ihr Kind Ihnen gegenüber hat, wird mit jeder Forderung auseinanderbrechen. Zudem wird es immer mehr in Abwehrhaltung gehen und nur noch ganz selten das machen, was Sie möchten. Wenn Sie aber als Eltern Ihr Kind um etwas bitten und dabei seine Bedürfnisse mit abdecken, wird Ihr Kind sich verstanden fühlen und dennoch das tun, um was es gebeten wird.

Ein Beispiel: Anstatt zu sagen - „Räume endlich diesen Saustall auf." - können Sie sagen - „Bitte räume Dein Zimmer auf. Du weißt, dass Oma und Opa zu Besuch kommen. Das wäre mir sehr peinlich, wenn Dein Zimmer so aussähe. Ich kann dir beim Aufräumen helfen, dann geht es schneller." Merken Sie sich bitte, dass Druck zwar die Chance erhöht, dass sich kurzfristig Resultate ergeben, diese gehen allerdings auf Kosten Ihrer Beziehung zu Ihrem Kind.

## URSACHEN FÜR KONFLIKTE ZWISCHEN ELTERN UND KINDERN

Die menschliche Zivilisation fußt auf den Familien. Ohne unsere „Clans" wäre die Menschheit mit Sicherheit schon ausgestorben. Innerhalb der Familie kann es starke Bande, aber ebenso starke Konflikte geben. Was sind allerdings die Gründe für Eltern und Kinder? Die vielen Auseinandersetzungen sowie Streitigkeiten können so gravierend sein, dass Kinder Jahrzehnte nicht mehr mit ihren Eltern reden und umgekehrt. Konflikte können sich also bis ins hohe Erwachsenenalter der Kinder manifestieren. Woher kommt das? Die Feindseligkeit zwischen Eltern und Kindern kann bereits in der frühen Kindheit stattfinden. Konflikte entstehen allerdings oftmals erst, wenn die Kinder ins Jugendalter kommen. Wenn beide Parteien stur und egoistisch auf ihren jeweiligen Standpunkten beharren, kann die einst so perfekte Familie viele Jahre mit Konflikten rechnen. Die Frage, die sich hierbei jedoch stellt, ist: War dieser Egotrip den ganzen Ärger wert?

Aufkeimende Konflikte zwischen Kindern und Eltern sind normal, aber mit einigen Kniffen können Sie als Elternteil dafür sorgen, dass sich die Konflikte nicht unnötig zuspitzen. Den Schaden, der sonst angerichtet wäre, können Sie dadurch geschickt umgehen:

**Das Kind zu etwas zwingen**

Muss Ihr Kind sputen, sobald Sie etwas von ihm verlangen? Muss es immer auf Sie hören? Wenn Sie als Elternteil zu autoritär auftreten, kann es sein, dass Sie einen nächsten Tyrannen großziehen. Weiterhin werden Sie spätestens ab der Pubertät, wo sich alle Kinder nach und nach von ihren Eltern abnabeln, Probleme mit dem Nachwuchs bekommen. Ebenfalls müssen Sie vermeiden, Ihre Weltansichten auf das Kind zu projizieren. Wenn Sie Ihrem Kind nicht gestatten, die Welt da draußen alleine kennenzulernen, werden ebenfalls Konflikte entstehen. Darüber hinaus sollten Sie zulassen können, dass Ihr Kind seine eigenen Schlussfolgerungen zieht. Selbstverständlich ist eine zu milde Erziehung ebenfalls kontraproduktiv. Die Mischung machts.

**Sie verwöhnen Ihr Kind zu sehr**

Der Übervater oder die Übermutter haben das Gefühl, unbedingt vor Allem im Leben schützen zu müssen. Wenn Sie als Eltern Ihren Kindern alles aus der Hand nehmen, werden diese im Erwachsenenleben nicht zurechtkommen. Es wird zu einem verzogenen sowie egoistischen Erwachsenen werden, der nur an seine eigenen Vorteile denkt. Zudem bietet so ein Verhalten enormes Konfliktpotenzial zwischen Eltern als auch Kindern.

**Lasche Erziehungsmaßnahmen**

Ihnen ist völlig egal, wie Ihr Kind sich benimmt oder wie es gegenüber anderen Menschen, Dingen oder Situationen auftritt? Glückwunsch: Ihr Kind wird später Probleme haben mit Autoritäten. Es werden sich Konflikte an der Schule und im Berufsleben ereignen. Zudem bietet Ihre Erziehungsmethode ebenso Konfliktpotenzial in der Beziehung zu Ihren Kindern.

Ich möchte Ihnen nun aufzeigen, wie Sie Konflikte zu Ihren Gunsten oder zugunsten des Kindes lösen können. Weiterhin möchte ich darstellen, wie positiv es ist, wenn der Konflikt für beide Parteien gleichwertig gelöst wird.

Mit dem Konflikt zugunsten der Erziehungsberechtigten, also Ihnen, beginne ich. Einleitend möchte ich sagen, dass ich mich nicht ohne Grund tiefergehend mit der gewaltfreien Kommunikation auseinandergesetzt habe. Besonders schön finde ich an der Methode, dass eben Eltern und Kinder im besten Fall gemeinsam zu einer passenden Lösung finden, wodurch sowohl die Erziehungsberechtigten als auch die Kinder zufriedengestellt sind.

Deshalb kann ich nicht für mich persönlich vertreten, dass der Konflikt zugunsten des einen oder der einen gelöst wird. Denn das bedeutet für die andere Partei, dass sie unterliegen musste. Betrachten wir dennoch die Situation, dass zunächst die Eltern den Konflikt für sich „gewonnen" haben. Das Kind wird zwar gehorchen, aber es wird widerwillig das Gesagte seiner Eltern umsetzen. Die eigenen Bedürfnisse und Wünsche des Kindes sind dabei nicht mit bedacht worden. Viele Eltern meinen, dass sie ihre Kinder zu Gehorsam erziehen müssen, da es sich sonst gegenüber Autoritäten hinwegsetzen würde. Zum Teil mag dies korrekt sein, aber man kann sein Kind auch bei einer gemeinsamen Konfliktlösung die Spielregeln des Lebens erklären. Erstens lernt das Kind, wie man Konflikte gemeinsam löst und zweitens können Sie mit der gewaltfreien Kommunikation verhindern, dass Ihr Kind Ihnen später Vorwürfe macht, Sie hätten nie seine Wünsche respektiert.

Ich blicke nun auf die Konfliktlösung, bei der das Kind und nicht die Erziehungsberechtigten bedacht werden. Wie weiter oben beschrieben, gibt es Helicopter-Eltern, die wirklich alles für ihr Kind tun würden. Das bedeutet aber ebenso, dass das Kind nie selbstständig werden kann. Früher oder später wird das Kind narzisstische Tendenzen zeigen. Da jeder Konflikt zu seinen Gunsten gelöst wird, wird es dem Kind außerdem schwerfallen, mit Konflikten außerhalb der Familie klarzukommen. In der Realität erhält das Kind in nur äußerst seltenen Fällen eine Sonderbehandlung. Wenn Sie alles für Ihr Kind tun, werden Sie zudem sich selbst verlieren. Sie werden Ihre eigenen Bedürfnisse als auch Wünsche gar nicht mehr wahrnehmen können. Da alles auf das Kind in Ihrem Leben ausgerichtet ist, werden Sie, Ihr Leben und Ihre Seele nach und nach verschwinden.

Die dritte Option ist die Option, die ich bevorzuge - der gemeinsame Lösungsansatz, bei dem sowohl die Bedürfnisse der Eltern als auch der Kinder berücksichtigt werden. Mit Hilfe der gewaltfreien Kommunikation erlernen beide Parteien zu verstehen. Zudem lernen Eltern sowie Kinder die eigene Akzeptanz für die eigenen Bedürfnisse, aber auch die des Gegenübers. Es mag im ersten Augenblick kompliziert wirken, mit dem Kind die Wünsche auszuloten, um gemeinsam eine Lösung zu finden. Aber möchten Sie lieber, dass Ihr Kind seine Aufgaben erfüllt, weil es dies freiwillig möchte oder möchten Sie beispielsweise in ständige Streitereien mit Ihrem Kind geraten, weil es nicht auf Sie hört? Der einfachere Weg ist oftmals nur augenscheinlich der einfachere Weg. Wenn Sie gemeinsam mit Ihrem Kind Lösungen für sämtliche Konflikte finden, bereiten Sie Ihr Kind perfekt auf die Außenwelt vor.

Ich fasse zusammen. Der Unwillen und das gegenseitige Unverständnis füreinander schüren oftmals Konflikte. Wenn Sie aber ein stabiles sowie glückliches Familienleben erfahren möchten, sollten Sie beim nächsten Konflikt an meine hier geschriebenen Worte denken, denn wenn Sie gemeinsam mit Ihrem Kind an einer Lösung arbeiten, erzeugen Sie zudem für Ihr Kind ein Umfeld, das dem Kind klarmacht: „Ich werde verstanden und meine Bedürfnisse berücksichtigt."

## 10 TIPPS FÜR EINE GEWALTFREIE KOMMUNIKATION

Als Mutter von zwei bezaubernden Kindern, einem Sohn und einer Tochter, konnte ich eine Vielzahl an Erfahrungen rund um das Thema

Erziehung sammeln. Die Zeit mit meinen Kindern prägt mich und die Zeit mit mir prägt meine Kinder. In kaum einem anderen Umfeld erfüllt es uns mehr mit Freude, wenn wir gegenseitig Empathie und Achtsamkeit erfahren, als bei unserer Familie. Ich schreibe einen Ratgeber zum Thema „Gewaltfreie Kommunikation mit Kindern", weil mich die Methode überzeugt hat. Natürlich obliegt es Ihnen, was Sie daraus mitnehmen und welchen Ansatz Sie richtig finden. Ich möchte einfach nur Wege aufzeigen, bei denen wir alle aus schwierigen Situationen ohne Streit, Zankerei oder jegliche Verletzungen, egal ob körperliche oder seelische, herauskommen. Nun folgen zehn Tipps, wie Sie die gewaltfreie Kommunikation richtig anwenden können.

### 1. Hören Sie aufmerksam zu

Wenn Sie sich mit Ihren Kindern beschäftigen und nach ihren Wünschen sowie Bedürfnissen fragen oder es diese vor Ihnen äußert, dann seien Sie aufmerksam. Nichts ist schlimmer, als wenn Sie das Kind reden lassen, aber gar nicht richtig zuhören oder nur halbherzig bei der Sache sind. Ihr Kind wird dieses Desinteresse wahrnehmen und sich nicht verstanden fühlen. Wenn Sie Empathie vorleben, wird Ihr Kind ebenfalls irgendwann diese Empathie für seine Mitmenschen entwickeln. Während des Zuhörens können Sie zudem Ihrem Kind helfen, die passenden Worte zu finden. „Mein Freund Paul verhält sich mir gegenüber komisch im Kindergarten.", könnte von Ihrem Kind stammen. Daraufhin könnten Sie ihm helfen, bessere Wort zu finden, die seinen Gefühlszustand umschreiben. „Er meidet dich plötzlich? Du vermisst deinen Freund Paul bestimmt sehr, nicht wahr?" Ebenso können Sie Ihr Kind unterschwellig auffordern, einfach mal mit Paul zu reden: „Frag Paul doch, wieso er dich plötzlich meidet."

### 2. Trainieren Sie das Erkennen von Emotionen

Wenn Sie erst vor Kurzem Eltern geworden sind, wird es Ihnen sicherlich in den nächsten Jahren schwerfallen, die Bedürfnisse Ihrer Kinder richtig einzuschätzen. Diese Fähigkeit lässt sich aber ganz einfach trainieren. Ebenso hat das Training einen Effekt auf das Kind, denn das Kind lernt ebenfalls, mehr auf seine Gefühle sowie die Gefühle der anderen zu achten. Selbst bei kleinen Kindern können Sie bereits mit ein paar Übungen starten. Fragen Sie Ihr Kind einfach: „Du scheinst müde zu sein, stimmt das?“ oder „Du bist gerade wütend, warum?“ Sie schulen mit solchen Fragestellungen die Wahrnehmungskraft Ihrer Kinder und gleichzeitig schulen Sie sich, auf die kleinen Gesten Ihres Kindes besser zu achten. Weiterhin können Sie Beobachtungen zusammen erforschen. Ein Beispiel: Zu Beginn dieses Ratgebers erzählte ich Ihnen von der Mutter und Ihrem Sohn, die einfach nur immer wieder ‘Mama möchte das nicht. ’ sagte. Das Kind war aber dennoch unruhig auf ihrem Schoss. Hätte ich das Wissen von heute und meine Kinder bereits gehabt, hätten wir die Situation gemeinsam reflektiert. Wieso verhält sich das Kind so? Wie fühlt sich das Kind? Versteht es, was die Mama von einem möchte?

**3. Vermeiden Sie Zeitdruck**

Als Erwachsene haben wir meistens einen Plan, sei es in Form von Kalenderterminen oder in Form von To-do Listen. Denken Sie aber bloß nicht, dass Ihre Kinder diesen strengen Zeitregeln folgen. Kinder lassen sich von ihren Impulsen leiten. Wenn Ihr Kind erst zwei oder drei Jahre alt ist, lebt es im derzeitigen Augenblick. Erst wenn Ihre Kinder das Jugendalter erreichen, entwickeln sie die Fähigkeit, komplexe Planungen für Tage, Wochen oder Monate zu machen und ebenso einzuhalten. Sollten Sie also kleinere Kinder haben, planen Sie doch ganz einfach Zeitfenster in den Alltag ein, bei denen Sie der inneren Uhr Ihrer Kinder folgen. Ein Beispiel aus meiner Praxiserfahrung: In der Kindergartenzeit meines Sohnes habe ich viele Nachmittage bewusst darauf verzichtet, Termine wahrzunehmen oder andere Dinge abarbeiten zu wollen.

Bald kommt er in die Schule und ich werde versuchen, ihm ebenso freie Nachmittage zu bescheren. Auf dem Nachhauseweg konnte ich gemeinsam mit meinem Sohn viel Neues entdecken. Vermutlich wäre mir der Park in der Nähe der Kindertagesstätte nie aufgefallen, wenn wir jedes Mal hätten nach Hause hetzen müssen. Dadurch, dass wir immer wieder mal Zeit im Park verbracht haben und dem Rhythmus meines Sohnes gefolgt sind, kam bei uns beiden eine gute Form der Entspannung auf. Er konnte sich austoben und durch den Park rennen und ich hatte Zeit, meine Gedanken schweifen zu lassen. Mit meiner Tochter, die bald ebenso in den Kindergarten kommt, werde ich dies ebenso machen. Es ist einfach ein erleichterndes Gefühl, Kinder nicht zu etwas drängen zu müssen - auf beiden Seiten.

### 4. Wägen Sie ein „Nein" gründlich ab

Eltern neigen dazu, viel zu schnell zu ihren Kindern „Nein" zu sagen oder Verbote auszusprechen. Damit machen wir es uns als Eltern oftmals ziemlich einfach. Schließlich würde es Arbeit bedeuten, nach den Bedürfnissen des Kindes zu schauen und diesen Folge zu leisten. Unsere Pläne bringt es durcheinander, wenn unsere Kinder plötzlich eine Bitte an uns richten. Wenn Sie ein „Nein" schnell und effizient herausbringen, wird Ihr Kind dies als willkürlich erachten. Es wird zwar irgendwann gehorsam sein, aber bis dahin kann auch viel Unruhe erzeugt werden. Vielleicht gibt es die Möglichkeit, erst einmal in den Dialog mit Ihren Kindern zu gehen, bevor Sie ein „Nein" aussprechen. Mitunter ist ein „Nein" oder ein Verbot gar nicht notwendig.

### 5. Sorgen Sie für körperliche Aktivitäten bei Stresssituationen

In meinen Recherchen habe ich herausgefunden, dass im kindlichen Gehirn der Gedankenfluss bei Stress gestört ist. Das heißt, in einem entspannten Zustand ist ein Kind verständnisvoller und kann sich normal artikulieren. Wenn Sie also bemerken, dass Ihr Kind gestresst ist, dann sorgen Sie ganz einfach für Bewegung, damit Ihr Kind den innerlichen

Stress abbauen kann. Im Übrigen können ebenso Erwachsene von einer körperlichen Aktivität bei Stress profitieren. Wenn sich Ihr Kind ausreichend bewegt hat, lassen sich Konflikte gemeinsam viel besser auflösen. Ihr Kind wird besonnener an die Sache herangehen.

**6. Schaffen Sie gemeinsame positive Erlebnisse**

Nehmen Sie sich die Zeit für Ihr Kind, die es benötigt. Spielen Sie gemeinsam mit Ihrem Kind. Gehen Sie zusammen in ein Museum, in ein Kindertheater, in den Park, auf den Spielplatz, ins Kino oder in den Urlaub. Nichts stärkt ein Kind mehr als positive Erfahrungen mit den Eltern. Es wird ihm leichter fallen, sich in Gruppen oder Gemeinschaften zu integrieren, wenn seine Erfahrungen mit der Familie positiv sind. Entdecken Sie gemeinsam Neues. Seien Sie unternehmungslustig. Auch ungewöhnliche Dinge können für Kinder spannend sein, zum Beispiel der Besuch eines Hochseil-Parks oder eines Kletterparks. Hauptsache Sie sind in der Zeit für Ihr Kind da und bringen sich in alle Geschehen mit ein und sind nicht nur eine Randfigur, die ständig nur damit beschäftigt ist, zu telefonieren.

**7. Emotionale Unterstützung bei einschneidenden Erlebnissen Ihres Kindes**

Kinder verstecken mit unter ihren wahren Gefühlen, gerade wenn etwas in ihren Augen Schlimmes passiert ist. Dann kommt nur kleines Versatzstück der Erinnerung hoch und sie wissen oftmals nicht, wie sie es benennen sollen. Es fällt Kindern einfach schwer, über ihre Gefühle zu reden. Hier kommen Sie als Eltern ins Spiel. Helfen Sie Ihrem Kind, die Versatzstücke nach und nach offenzulegen, um ein Gesamtbild der Gefühlswelt Ihres Kindes zu bekommen. Wenn Sie über alles im Bild sind, können Sie gemeinsam mit Ihrem Kind Wege zur Bewältigung der Emotionen angehen.

## 8. Unterbrechen Sie Gewalt sofort

Kinder können nerven, und zwar so sehr, dass wir Ihnen in so mancher Stresssituation gerne wehtun würden. Doch dieses Verhalten ist absolut nicht zu tolerieren, schließlich brennt sich ein Gewaltakt tief in das Gedächtnis von Kindern ein. Im vorletzten Kapitel gehe ich näher auf das Thema Gewalt innerhalb der Kindererziehung ein. Im Kapitel „Nie im Wohle des Kindes: Gewalterfahrungen" geht es aber nicht nur um die direkt erlebte Gewalt des Kindes, auch indirekte Gewalt kann für Kinder verstörend sein. Mit indirekter Gewalt meine ich die Gewalt zwischen den Eltern, die Kinder oftmals unmittelbar miterleben. Es folgt nun ein Tipp für Sie, damit Sie erst gar nicht in die Versuchung kommen, Ihr Kind zu schlagen: Wenn Sie bemerken, dass in Ihnen die Wut hochsteigt und wenn Sie am liebsten Ihrem Kind eine Ohrfeige geben würden, dann nehmen Sie sofort Ihre Hände und Arme hinter Ihren Rücken. Entfernen Sie sich ein bis zwei Meter vom Kind. Notfalls können Sie auch den Raum verlassen oder einen Spaziergang machen. Letzteres geht bei kleinen Kindern natürlich nur, wenn Sie einen Babysitter gefunden haben. Wenn Sie keinen finden, nehmen Sie Ihr Kind mit zum Spaziergang. Dann kommen nicht nur Sie herunter, sondern ebenso Ihr Kind.

## 9. Versetzen Sie sich in Ihr Kind hinein

Sie können zum Beispiel ein Tagebuch führen und aufführen, wie Sie das Verhalten Ihres Kindes am Tag einschätzen. Danach schreiben Sie eine komplette Passage aus der Sicht Ihres Kindes. Wenn Sie dies ein paar Monate lang machen, werden Sie sich und Ihr Kind besser verstehen lernen. Sie können sogar am nächsten Tag Ihrem Kind aus dem Tagebuch vorlesen. Dann hört es Ihre Seite der Geschichte und gleichzeitig können Sie Ihr Kind fragen, ob Sie seine Seite der Geschichte richtig eingeordnet haben. Ihr Kind lernt dann, Ihre und seine eigenen Gefühle besser zu verstehen.

**10. Entdecken Sie die Gründe, warum Ihr Kind ausflippt**

Hinter Ausrastern von Kindern stecken meistens gute Gründe. Oftmals hat es einfach Hunger, ist müde oder mit einer Situation überfordert. Wenn ein Kind wütend wird, dann leidet, wie bereits beschrieben, seine Wahrnehmungsfähigkeit. Sie können die Dynamik Ihres Kindes nutzen und mit ihm gemeinsam in den Park oder Garten gehen. Lassen Sie Ihr Kind einfach ein paar Runden Ball spielen oder sich anderweitig bewegen. Irgendwann können Sie Ihr Kind gut einschätzen. Dann wissen Sie, wann Ihr Kind zur Müdigkeit oder zu Aggressionen neigt. Umgehen Sie, so gut es geht, diese Form der Konflikte.

# Kinder und Disziplin

Ich betrachte nun die Vor- und Nachteile einer Erziehung, die auf den Grundlagen der Disziplin beruht. Mir ist ebenso klar, dass Kinder lernen müssen, sich an Regeln, Termine, Absprachen oder sonstiges zu halten. Zudem benötigen Kinder einen strukturierten Alltag mit Zeitfenstern, die ganz auf sie zugeschnitten sind. Disziplin spielt bei dem Ganzen eine große Rolle. Trotz meiner Anwendung der gewaltfreien Kommunikation mit meinen Kindern, komme ich ganz ohne Disziplin bei der Erziehung nicht aus. Dennoch versuche ich immer in den Dialog mit meinen Kindern zu gehen, sobald sie mir nicht gehorchen. Für viele ist die Disziplin in der Erziehung von Kindern das zentrale Thema. Ohne das geht gar nichts. Man muss den Spieß aber ebenso umdrehen. Es sind nicht nur die Kinder, die diszipliniert sein müssen. Wir Eltern müssen ebenfalls so diszipliniert sein, gewisse Regeln und Verhaltensweisen unseren Kindern vorzuleben. Weiterhin benötigen Kinder von uns einen klaren Rahmen, wie weit sie gehen können, wann ihre Essens- und Schlafenszeiten sind. Gibt man ihnen nicht den gewissen Rahmen, kann sich keine Disziplin einstellen. Das Wort Disziplin hat oftmals negative Bedeutungen, die an eine Ausbildung als Soldat erinnern: Drill, Autorität und Abrichtung. Mit anderen Worten - absoluter Gehorsam. Aber in Sachen Kindererziehung müssen Sie Disziplin als etwas Positives betrachten. Mit Disziplin kann Ihr Kind Verantwortung, Durchhaltevermögen sowie Konsequenzen kennenlernen. Wenn Eltern es allerdings nicht schaffen, klare Regeln im gemeinsamen Alltag festzulegen und dafür sorgen, dass diese eingehalten werden, erlernen Kinder diese Dinge niemals. Vielleicht ist es Ihnen gar nicht bewusst, aber täglich morgens und abends die Zähne zu putzen oder die Hände nach der Toilette zu waschen, fällt bereits unter das Thema Disziplin. Wir Erwachsene empfinden das meistens schon gar nicht mehr als diszipliniertes Verhalten, weil es einfach zur Gewohnheit wurde. Zudem verstehen wir den Sinn dahinter. Unsere Kinder müssen diesen Sinn aber erst noch begreifen. Ganz klar möchte ich mich aber gegen Drill und Bestrafung aussprechen. Hin und wieder kommt es auch bei meinen Kindern vor, dass es heißt „Stubenarrest“ oder „Gut, morgen gehst du nicht zu deinem Freund.“ Dies kommt aber wirklich äußerst selten vor, da sich meine Kinder meistens an alle gemeinsam festgelegten Regeln halten. Das gemeinsame Bestimmen der aufgestellten Regeln ist wichtig, damit diese Regeln nicht nur von mir als Elternteil ausgehen. Die Kinder haben also ein Mitspracherecht. Doch wieso bin ich prinzipiell gegen Drill sowie Bestrafung? Die Antwort - wegen der Angst. Angst schüren ist immer ein schlechter Ratgeber. Sie haben gar nichts davon, wenn Ihre Kinder Angst vor Ihnen haben oder jedes Mal eine Konsequenz fürchten, sobald ihnen ein Missgeschick passiert. Wenn Ihr Kind Selbstdisziplin lernt, wird es die Fähigkeit entwickeln, das eigene Leben kontrollieren und steuern zu können. Als junger Erwachsener wird es für sein Leben weder die Großeltern noch die Geschwisterkinder oder die Eltern benötigen. Also bringen Sie Ihrem Kind verlässliche Alltagsabläufe bei, damit es ein selbstständiger Mensch werden kann.

Vielleicht fragen Sie sich nun, wie viel Disziplin die Kindererziehung tatsächlich benötigt. Das ist selbstverständlich von Kind zu Kind verschieden. Kinder sollten auf natürliche Art und Weise die Welt entdecken können. Dazu gehört, dass es die Welt erforschen will. Es möchte in die Pfütze springen, mal im Dreck spielen, nur um zu erleben, wie es sich anfühlt. Wenn Sie Ihr Kind um solche Erfahrungen beschneiden und nur Angst haben, dass seine Klamotten dreckig werden, kann es diese Forschungsreise nicht machen. Ihr Kind verliert die Neugierde auf die Welt und all die Dinge, die es dort zu entdecken gibt. Wenn Sie also Drill und Bestrafung anwenden, zerstören Sie in Ihrem Kind den Drang, Situationen zu hinterfragen. Es wird sich auch in Zukunft immer schnell den Autoritäten unterordnen und selten seinen eigenen Kopf gebrauchen. Das sind natürlich nur ein paar Extrembeispiele. Aber letztendlich benötigt

Gehorsam immer Vertrauen. Im Übrigen können wir sehr viel von unseren Kindern lernen. Im Alltag vergessen wir manchmal vor lauter Selbstdisziplin oder Geschäftigkeit unsere Begeisterungsfähigkeit, unsere Kreativität und unsere Neugierde, Neues entdecken zu wollen. All das machen Kinder von Natur aus und als Erwachsene haben wir oftmals viele Dinge vergessen.

Ein Beispiel zum Thema Bestrafung aus dem Schulalltag. Ein Mathelehrer bittet eine(n) Schüler/in an die Tafel, um eine komplizierte Formel auszurechnen. Der/die Schüler/in wird quasi vor der gesamten Klasse bloßgestellt, da die Aufgabe einfach nicht gelingen möchte. Diese(r) Schüler/in verbindet nun ihr Leben lang eine unangenehme Situation mit Mathe. Vielmehr gerät die Person regelrecht in Panik, wenn es in Zukunft vor solchen mathematischen Aufgaben steht. Die Angst vor Mathe wird im schlimmsten Fall den/die Schüler/in immer begleiten. Angst hemmt aber unser kreatives Denken. Wenn der/die Schüler/in nicht so unter Druck gesetzt worden wäre, hätte er oder sie die Aufgabe vielleicht sogar mit Bravour gemeistert. Erinnern Sie sich also immer an dieses Beispiel zurück, wenn Sie Ihr Kind für sein schlechtes Verhalten bestrafen oder aber Sie suchen den Dialog mit Ihrem Kind und wenden die gewaltfreie Kommunikation an.

Schaffen Sie so viel Glücksmomente für Ihr Kind wie möglich. Zwar mögen sich schlechte Erfahrungen einprägen, aber das Gleiche gilt auch für die positiven Erfahrungen. Wenn wir viele positive Erfahrungen im Leben sammeln, sprechen wir davon, „Glück“ zu empfinden. Diese Grundstimmung führt dann dazu, dass wir an uns glauben und erfolgreich sind. Das Glücklichsein hängt oftmals ebenso damit zusammen, wie wir unsere Kindheit einordnen.

Wenn wir unsere Kinder erziehen, müssen wir fast jede Situation neu abwägen. Manchmal müssen wir die Position wechseln, um unseren Kindern immer Klarheit, Stabilität als auch Ruhe zu bieten. Dafür benötigen, wie bereits umschrieben, vor allem auch die Eltern diese gewisse

Selbstdisziplin. Wenn Sie sich zum Beispiel nicht jedes Mal nach dem Toilettengang die Hände waschen oder keinen Fahrradhelm beim Fahrradfahren tragen, wieso sollte dann Ihr Kind solche Dinge tun? Leben Sie Ihrem Kind also das vor, was Sie ihm ständig predigen. Im anschließenden Kapitel „Kindern ein Vorbild sein" gehe ich näher auf diese Thematik ein.

Ein schönes Thema bei der Disziplin ist die Entwicklung unserer Kinder zu selbstdisziplinierten Persönlichkeiten. Sie haben ihren inneren Schweinehund überwunden und verstehen, wieso manche Dinge einfach getan werden müssen. Als Eltern empfinden Sie dann großes Glück gepaart mit Stolz, wenn Ihr Kind seine Schuhe zum ersten Mal eigenständig zubinden kann oder selbst daran denkt, vor dem Zubettgehen die Zähne zu putzen. Kinder lernen, verantwortungsvoll mit sich, mit anderen und mit Situationen umzugehen – ein größeres Glück können Eltern kaum erleben, denn sie haben in der Erziehung alles richtig gemacht. Der Gehorsam unserer Kinder löst nicht zwangsweise das eigentliche Problem. Vor allem dann nicht, wenn der Gehorsam nicht von alleine aus dem Inneren des Kindes entsteht, sondern durch Zwang entstanden ist. Wenn Sie eine strenge Erziehung an den Tag legen und jedes Mal von Ihrem Kind den Gehorsam verlangen, dann zahlt Ihr Kind einen hohen Preis. Dinge wie zum Beispiel Teamfähigkeit oder Kreativität bleiben auf der Strecke, aber ebenso das selbstständige Denken zu entwickeln oder den Mut zu haben, ein Veto einzulegen. Und oben drauf riskieren Sie, dass Ihr Kind Ihnen nicht mehr vertraut. Mitunter hat es einfach nur noch Angst vor Ihnen. Kurzfristig sehen Sie vielleicht den Erfolg bei der strengen Hand, aber das eingeschüchterte Kind verliert Stück für Stück das Vertrauen in seinen Papa und in seine Mama. Zudem gehen diese Eltern selten auf die Bedürfnisse des Kindes ein. Das Selbstwertgefühl des Kindes bröckelt und die Beziehung zu den Eltern nimmt Schaden.

# Kindern ein Vorbild sein

Im vorherigen Kapitel habe ich es bereits angedeutet: Kinder lernen durch uns. Damit Kinder Neues erlernen können, ahmen sie uns in vielen Dingen nach. Wie schmieren wir unser Brot? Wie knöpfen wir unser Hemd zu? Wie binden wir unsere Schuhe? Kinder imitieren uns, um neue Fähigkeiten zu erlernen. Dieser Umstand ist ebenso in der Tierwelt zu finden. Die Jungen lernen vom Muttertier und bei einigen Arten ebenso vom Vatertier. Darüber hinaus ist dies für uns extrem hilfreich bei der Kindererziehung. Da die Nachahmung ein natürlicher Prozess ist, müssen wir im seltensten Fall eingreifen. Selbstverständlich müssen wir hin und wieder die Handlungen unserer Kinder korrigieren, aber wir müssen unser Kind nicht erst dazu ermutigen, doch dies oder das auszuprobieren. Sie werden es von allein tun - wie die „Großen". Wir geben unseren Kindern all unsere Erfahrungen weiter - sowohl die positiven als auch die negativen Erfahrungen. Wurde das Kind dahingehend erzogen, seine eigene Meinung bilden zu dürfen, kann es mit negativen Gefühlen oder Situationen allerdings umgehen lernen. So oder so - unsere „Kleinsten" schauen sich alles von uns „Großen" ab, also sollten wir als ihre Vorbilder ein möglichst gutes Vorbild sein.

## DURCH VORBILDER LERNEN WIR

Unsere Persönlichkeit und unser Erlernen von Fertigkeiten kommen allerdings nicht nur durch die Nachahmung unserer Eltern. Neben das Erlernen durch Vorbilder spielen ebenso das Ausprobieren von Dingen, das Versagen bzw. sich geirrt zu haben als auch das Zuschauen, wie es unsere Konkurrenz macht, eine Rolle.

Wann sind wir das Vorbild unseres Kindes? Eigentlich in jeder Situation, in der das Kind dabei ist. Aber es gibt Unterschiede, inwieweit sich Ihr Kind Sie als sein Vorbild sieht. Je höher Ihr Ansehen bei Ihrem Kind ist, desto eher werden Sie als sein Vorbild dienen. Ist das Kind eher ein Papakind, dann wird es sich möglicherweise eher Papa in den meisten Fällen zum Vorbild nehmen. Die Imitierung von Mama käme dann erst an zweiter Stelle. Es ist zudem erwiesen, dass Eltern auch Hobbys an ihre Kinder weitergeben. Auch hier sind Eltern Wegweiser.

Trifft ein Kind auf eine fremde Person, die für das Kind furchteinflößend ist, weil eben auch keinerlei Beziehung zueinander besteht, akzeptieren Kinder diese Person nicht als ihr Vorbild. Anders sieht es in der Pubertät aus. Der umschwärmte Star kann plötzlich die Vorbildfunktion Ihres Kindes übernehmen - je nachdem, ob der oder die Jugendliche das Verhalten des Stars akzeptiert. In einer solchen Zeit sollten Sie Ihrem Kind diese Option lassen. Es mag zwar an sich ein Fremder sein, der nun als Vorbild Ihres Kindes dient, aber für Ihr Kind ist diese Schwärmerei real, also ist der Star ebenso real. Zumindest ist die Vorstellung Ihres Kindes, wie der Star wohl ist, real. In den meisten Fällen besteht kein Grund zur Sorge, wenn Ihr fast schon erwachsenes Kind sich anders orientiert, kleidet oder sich verhält, solange es nicht sich oder andere damit in Gefahr bringt.

## IST ES BÜRDE ODER CHANCE EIN VORBILD ZU SEIN?

Das alltägliche Leben, in welches ein Kind hineingeboren wird, empfindet es als normal. Es hängt ebenso davon ab, wie es seine Realität wahrnimmt. Selbst wenn es in einer gewaltsamen Umgebung aufwächst, wird es diesen Zustand als „normal" hinnehmen. Ein Kind kann es sich nicht aussuchen, wo es aufwachsen wird. Mitunter gibt es Ausnahmen, nämlich dann, wenn das Kind bei der Scheidung der Eltern entscheiden kann, wo es aufwachsen möchte. Egal, welches Leben Sie Ihrem Kind ermöglichen, es wird sich diesem Leben anpassen. Es wird Ihre Verhaltensweisen übernehmen oder bei bestimmten Situationen anwenden. Hieran wird deutlich, dass Elternsein tatsächlich ein Fulltime-Job ist. Schließlich werden Sie quasi rund um die Uhr von Kinderaugen beäugt. Das bedeutet aber nicht, dass Sie sich zu jeder Zeit perfekt verhalten müssen. Aber wenn Ihr Kind Sie bedingungslos liebt, wird es dieses Verhalten richtig einordnen können. Sie müssen als Eltern also nicht das perfekte Leben vorspielen. Sie sollten nur dafür Sorge tragen, dass Sie sich in den Dingen korrekt verhalten, die Sie ebenso von Ihrem Kind verlangen.

Keiner von uns wird als perfekter Vater oder Mutter geboren. Die Erwachsenen müssen ebenfalls erst einmal in ihre Rolle als Eltern hineinwachsen. Weiterhin können Missgeschicke im alltäglichen Leben als positives Erziehungsbeispiel dienen. Nämlich immer dann, wenn Sie eine gut überlegte und adäquate Lösung finden und Ihr Kind zu Ihnen aufschauen kann. Hin und wieder können Sie auch Ihr Kind fragen, wie es dieses oder jenes Problem lösen würde. Wächst das Lebensumfeld des eigenen Kindes, es kommt beispielsweise in die Schule, dann wächst auch gleichzeitig der Einfluss von außen. Im vorhergehenden Kapitel „Durch Vorbilder lernen wir“ habe ich erwähnt, dass sich Kinder gerade im Jugendalter oftmals Stars als Vorbilder nehmen. Dies kann ein Einfluss von außen darstellen, aber ebenso die besten Freunde auf dem Schulhof, die Lehrer oder andere Erzieher.

Auch wenn Sie das Hobby Ihres Kindes nicht mögen, sollten Sie ab und zu das Gespräch suchen. Gerade dann, wenn Sie bemerken, Ihr Kind ist verrückt nach einem bestimmten Star. Wenn Sie Interesse an den Hobbys Ihres Kindes zeigen, werden Sie viel Zustimmung durch Ihr Kind erhalten. Es fühlt sich verstanden und honoriert Ihr Verhalten. Durch geschicktes Nachfragen werden Sie dann die Gründe kennenlernen, wieso Ihr Kind den einen besonderen Star so verehrt oder weshalb es sich genau dieses Hobby ausgesucht hat.

## ES IST NOCH KEIN MEISTER VOM HIMMEL GEFALLEN

Denken Sie immer daran, dass Erziehung Zeit benötigt. Oftmals ist uns gerade am Anfang nicht bewusst, welches Verhalten von uns Folgen für unsere Kinder haben. Studien zeigen zum Beispiel, dass es Kindern gar nicht guttut, wenn Eltern bei der „quality time" mit ihren Kindern ständig am Smartphone hängen oder sich von anderen Dingen ablenken lassen. Schenken Sie in der Spielzeit Ihre volle Aufmerksamkeit dem Kind. Es wird sich später an diese gemeinsamen Erinnerungen positiv zurückerinnern. Wenn Sie nämlich Ihre Aufmerksamkeit splitten, ein wenig Zeit für das Kind und ein wenig für das Smartphone aufbringen, können sich Verhaltensauffälligkeiten beim Kind manifestieren. Sie können auch gemeinsam mit Ihrem Kind die Regel aufstellen, das Smartphone in der Spielzeit bzw. „quality time" wegzulegen. Es spricht nichts dagegen, dass auch die Eltern ein paar Regeln einhalten müssen.

Wissenschaftler haben ebenso herausgefunden, dass unsere Gene zwar unser Verhalten, Krankheiten und Meinungen beeinflussen können, aber es ist eben nur die halbe Miete. Es ist nicht 100 Prozent geklärt, welche Anlagen Kinder vererbt bekommen oder welche von der Erziehung herrühren. Zum Beispiel bei der Aufmerksamkeitsdefizit- und Hyperaktivitätsstörung, kurz ADHS genannt, ist nicht hinreichend geklärt, was die Ursachen für diese Störung sind. Nicht immer scheinen die Gene Einfluss darauf zu nehmen. Die Lebensumstände des Kindes können ebenfalls entscheidend für die Entstehung von ADHS sein. Beim Thema Ernährung ist es ähnlich. Einige Essverhalten bekommen wir schon in die Wiege gelegt, andere wiederum haben wir uns nur aus Gewohnheit angeeignet. Eine Mutter mit Diabetes kann den Diabetes an das ungeborene Kind weitergeben. Es spielt dabei keine Rolle, ob es der Typ 1 oder Typ 2 Diabetes ist. Allerdings ist nicht gesagt, dass vererbte Krankheiten ebenso stark beim Nachwuchs vorkommen wie bei einem selbst oder bei den Großeltern der Kinder.

Ein gesundes Essverhalten kann aber so oder so niemals verkehrt sein. Binden Sie deshalb Ihr Kind beim Kochen mit ein. Leben Sie ihm vor, dass es Spaß macht, die Mahlzeiten mit frischen Zutaten selbst zuzubereiten. Das Kind wird einen ganz anderen Bezug zum Thema Essen bekommen. Dann spricht auch nichts gegen ein McDonalds Besuch im Monat oder einmal im Monat etwas zu bestellen. Das Verhältnis muss einfach stimmen.

## WIE EIN GESUNDER LEBENSSTIL SIE UND IHR KIND BEEINFLUSSEN KANN

Ich bleibe beim Thema Gesundheit. Der vorgelebte Lebensstil der Eltern hat einen großen Einfluss auf den Nachwuchs. Aber nicht nur unsere Ernährungsweise übertragen wir auf unsere Kleinen, ebenso beeinflussen wir, wie unsere Kinder mit Bewegung, Stress und anderen Lebenssituationen umgehen.

Wenn Sie Ihrem Kind bereits früh beibringen, dass Bewegung beispielsweise in Form von sportlicher Betätigung, ein abwechslungsreicher Speiseplan sowie der entspannte Umgang mit Stress eine großartige Sache ist, werden Ihre Kinder ihr Leben gut meistern. Denn das, was wir als Kinder vorgelebt bekommen, behalten wir meistens als Erwachsene bei. Unterm Strich kann man sagen, dass glückliche Kinder oftmals gesunde Kinder sind. Achten Sie gemeinsam mit Ihrem Kind auf viel Bewegung, eine gesunde Ernährung und eine gesunde Stress-Life-Balance, dann führt dies zu einem ausgeglichenen Leben. Leben Sie dieses Verhalten in 75 Prozent der Fälle vor, dann spricht, wie bereits erwähnt, in 25 Prozent der anderen Fälle nichts dagegen, wenn dann mal über die Stränge geschlagen wird. Das kann das süße Popcorn im Kino sein oder mal der Ausfall der Fußballstunden.

Behalten Sie immer im Hinterkopf:

- Wenn Ihr Kind sich gerne und viel bewegt, steigert es seine Zufriedenheit sowie sein Wohlbefinden; es wird ausgeglichener sein.
- Ernähren Sie Ihr Kind vorwiegend gesund, dann sorgen Sie für ein gutes Immunsystem; Ihr Kind wird weniger krank sein als

Gleichaltrige.

- Bei einer gesunden Ernährung führen Sie Ihrem Kind alle wichtigen Nährstoffe zu, die es für sein gesundes Wachstum benötigt.
- Sorgen Sie außerdem für Ruhepausen zwischen den Aktivitäten der Kinder, das steigert das mentale Wohlbefinden der Kleinen.

Wenn Frauen Mütter werden, legen sie oftmals bereits während der Schwangerschaft verschiedene Laster ab, sei es der Alkohol oder die Zigaretten. Viele von ihnen behalten dies sogar nach der Schwangerschaft bei und verzichten auf diese Genussmittel. Aber nicht nur Mütter nutzen diese Motivation, wenn Nachwuchs unterwegs ist, viele Männer zeigen ein ähnliches Verhalten. Das kommt vermutlich daher, dass wir für unsere Kinder die besten Vorbilder sein wollen, die es gibt auf der Welt, auch wenn es bedeutet, eigene Laster abzulegen. Die Familienplanung hat also oftmals auch für die Eltern positive Effekte.

Ich gebe an dieser Stelle ein kleines Fazit in Form von Aufzählungen. Welche Aufgaben haben Eltern, wenn sie als Vorbild für ihren Nachwuchs dienen?

- Sich in erster Linie für das Kind entscheiden und ihm ein Elternteil sein wollen
- Bewusst sein, dass Kindererziehung eine Herausforderung ist, aber es sich lohnt, einen positiven Einfluss auf ein Menschenwesen zu nehmen
- Eine stetige Verbindung zum Kind haben, Vertrauen ist die wichtigste Basis, damit Sie als Vorbild dienen können
- Nicht immer perfekt sein als Vorbild, Ihr Kind wird Ihnen Ausrutscher verzeihen
- Die verschiedenen Bedürfnisse sowie Wünsche des Kindes kennen
- Dem Kind die ganze Aufmerksamkeit in Ihrer gemeinsamen „quality time" schenken

- Mit Ihrem Kind in einen Dialog gehen und die gewaltfreie Kommunikation anwenden, denn mit Hilfe dieser lassen sich Konflikte zusammen bewältigen
- Das Kind auf Augenhöhe behandeln, aber altersgerecht
- Werte vermitteln und diese auch leben

## UMGANG MIT SCHWIERIGEN SITUATIONEN

Besonders dramatische Situationen lassen Kinder oft in unsere Richtung schauen. Sie suchen bei ihren Eltern gezielt Lösungswege, die sie mitunter selbst nicht finden können. Als Eltern können Sie in scheinbar schwierigen Situationen für das Kind als Unterstützung dienen. Es ist ganz normal, dass Kinder hin und wieder raufen. Dies kann aber schnell mal mit einem Kratzer oder Biss enden und spätestens hier sollten Sie als Eltern eingreifen.

Bringen Sie Ihren Kindern von Anfang an bei, dass eine körperliche Auseinandersetzung nicht die Lösung sein kann. Versuchen Sie andere Wege zu finden, wie Geschwisterkinder ihren Konflikt lösen können. Wenn Sie als Eltern in solchen Situationen nicht eingreifen, tolerieren Sie ein solches Verhalten und das Kind wird diese Aggressivität ebenso im Kindergarten oder in der Schule zeigen. Natürlich gibt es Eltern, die selbst niemals den richtigen Umgang mit schwierigen Situationen erlernt haben. Diesen Menschen fällt es dann schwer, das richtige Verhalten an ihre Kinder weiterzugeben. Allerdings sollten Sie sich immer zu Herzen nehmen, dass Gewalt immer Gegengewalt erzeugt. Gewalt ist eine Einbahnstraße ohne richtige Gewinner oder Verlierer. Der eigentliche Konflikt ist meistens mit dem Akt der Gewalt ohnehin nicht gelöst. Einer Lösung kommt man nur näher, wenn man sich mit der jeweiligen Situation beschäftigt. Des Weiteren müssen alle Seiten, die zum Konflikt beigetragen haben, mit einbezogen werden. Es gilt Missverständnisse aus dem Weg zu räumen und gemeinsam an einer Lösung zu arbeiten.

Wie können Sie als Eltern Geschwisterpaare vom Raufen abhalten?

- Versuchen Sie Vermittler zwischen beiden Kindern zu sein.
- Leiten Sie beide Kinder dazu an, verständnisvoll für den jeweils anderen zu sein.
- Erkennen Sie die Ängste Ihrer Kinder und helfen Sie diese abzulegen.
- Bieten Sie einen demokratischen Lösungsansatz an, irgendwann werden Ihre Kinder bei weiteren Streitigkeiten selbst auf die Lösung kommen.
- Nutzen Sie anstatt der Bestrafung eher das Mittel der Wiedergutmachung. Kind 1 hat etwas Böses getan, der Streit mit Kind 2 ist ausgestanden, geben Sie nun vor, dass Kind 1 als Wiedergutmachung Kind 2 bei zum Beispiel der Hausarbeit helfen soll.

## VERLUST DER NÄHE IN DER PUBERTÄT

Kinder lösen sich mit dem Eintritt der Pubertät nach und nach von den Eltern ab. Obwohl Sie vorher ein inniges Verhältnis hatten, kann es nun immer öfter passieren, dass Ihr Kind Sie peinlich findet oder ständig mit den Freunden unterwegs ist. Zudem dienen nicht mehr nur alleine die Eltern als Vorbilder, sondern ebenso andere Personen. Treten Probleme auf, dann ziehen sich Jugendliche eher zurück und suchen selbst nach Lösungen. Manchmal fragen sie aber auch Außenstehende, wie sie mir einer Situation umgehen sollen. Immer seltener werden sie den Rat bei ihren Eltern suchen.

Als Eltern hat man in dieser Zeit oft das Gefühl, das Kind entgleitet einem. Trotzdem bleibt die elterliche Verantwortung für den Nachwuchs bestehen. Als Eltern müssen Sie zudem verstehen, dass die Jugendzeit eben nun mal dazu dient, sich abzunabeln und die eigene Identität zu entdecken. Haben Sie bis dahin in der Erziehung vieles richtig gemacht, werden Ihre Kinder bei großen Problemen immer noch Ihren

Rat suchen. Halten Sie sich einfach in dieser Zeit etwas zurück, bedrängen Sie Ihr Kind nicht. Es wird alleine zu Ihnen kommen, wenn es dies für richtig hält. Bieten Sie aber immer an, dass Sie jederzeit bereit sind, ihm zuzuhören. Schließlich soll der Jugendliche nicht denken, dass Sie plötzlich nun gar kein Interesse mehr an seinem Leben haben. Wichtig ist einfach, Verständnis für Ihren Pubertierenden zu haben. In dieser Zeit macht Ihr Kind einen enormen Sprung zum Erwachsenen. Das kann mitunter sehr verwirrend und schwierig für Ihr Kind sein. Plötzlich wächst auch die Verantwortung dem eigenen Leben gegenüber. Es muss sich entscheiden, ob es studieren oder doch lieber eine Ausbildung machen will bzw., was es generell mit seinem Leben anfangen möchte. Wenn Sie als Eltern in dieser Zeit zu viel Einfluss auf das Leben Ihres Kindes nehmen, behindern Sie massiv die Entwicklung seiner eigenen Persönlichkeit. Lassen Sie Ihrem Kind einfach einen gewissen Freiraum. Es wird es Ihnen danken.

# Kinder unter sich

Schon im Kleinkindalter können Streitsituationen entstehen. Dies kann schon beim ersten Sandkastenfreund der Fall sein. Nun gilt es hier die soziale Entwicklung des Kindes zu fördern. Beobachten Sie die Situation. Holen Sie sich gegebenenfalls die Eltern des anderen Kindes dazu und lösen Sie gemeinsam den Konflikt. Dabei sollten die Elternpaare als Vorbild dienen und gegenseitig erkunden, weswegen sich Kind A so verhält und Kind B sich so oder so aufführt. Wenn jeder der Erwachsenen seinen Standpunkt geäußert hat, kann zusammen eine Lösung gefunden werden. Kinder lernen durch dieses Verhalten, dass es wichtig ist, zuzuhören und die richtigen Argumente zu vertreten. Darüber hinaus erkennen sie, dass beide Seiten Interesse daran haben, den Konflikt im Sandkasten aufzulösen. In einem perfekten Beispiel würden beide Kleinkinder ihrem Bedürfnis nachkommen können, wenn eine Lösung für beide Kinder gefunden wurde.

Will zum Beispiel Ihr Kind nicht seine Schaufel mit dem anderen Kind teilen, dann müssen Sie es nicht zwangsweise dazu nötigen. Fragen Sie im ersten Schritt die Eltern des anderen Kindes, ob es keine eigene Schaufel hätte. Wenn die Eltern dies verneinen, könnten Sie sich alle um den Sandkasten setzen, die Hand Ihres Kindes nehmen und gemeinsam die Schaufel in den Sand führen. Das können Sie ein paar Minuten machen und dann die Schaufel der anderen Familie für ein paar Minuten überlassen. Dann wird wieder gewechselt. Sie können auch die beiden Kinder zusammen die Schaufel führen lassen. So bemerken schon die Kleinsten, dass ihnen nichts weggenommen wird, sondern ihre persönlichen Dinge wieder zu ihnen zurückkommen. Wenn das Kind etwas älter ist und sich schon besser äußern kann, wieso es jetzt gerade nicht mit dem anderen Kind im Sandkasten spielen möchte, können Sie es nach seinen Gründen dafür fragen. Manchmal müssen Sie allerdings Ihrem Kind die Antwort vorsagen, da es sich noch nicht so gut artikulieren kann. Allerdings sollten Sie sich immer rückversichern, dass Sie die Antwort richtig einschätzen. Dafür benötigen Sie die Zustimmung Ihres Kindes. Irgendwann ist es ratsam, die Kinder Ihre Konflikte selbst austragen zu lassen. Selbstverständlich geht das noch nicht in einem jungen Alter, aber mit jedem Jahr wird Ihr Kind bereit sein, seine eigenen Konflikte auszutragen. Wenn Sie es gut angeleitet haben, wird es soziale Interaktionsmuster zeigen, die zu zufriedenstellenden Lösungen führen.

## BEREITS IN DER KITA KÖNNEN KONFLIKTE ENTSTEHEN

Kommt Ihr Kind in den Kindergarten, können Sie sich schon darauf einstellen, dass Ihr Kind manchmal mit Kratzern, Bissen oder sichtbaren blauen Flecken aus dem Kindergarten kommt, denn im Kindergarten gibt es viele Kinder, die zur Gewalt neigen und sich bereits „erste Opfer" suchen. Es kann passieren, dass Ihr eigenes Kind erst Opfer und dann Täter wird. In der Regel greifen die Erzieher/innen mit ein. Aber nicht immer sind diese rechtzeitig da und können gemeinsam mit den Kindern die Auseinandersetzung auf andere Art und Weise lösen. Die Entwicklung zu immer mehr gewaltbereiten Kindern ist leider nicht neu. Gerade an Schulen nimmt die Gewalt drastisch zu. Aber auch im Kindergarten sind sich gegenseitig beleidigen, treten, Haare ziehen, kneifen sowie kratzen an der Tagesordnung. Immer mehr Kinder zwischen drei und sechs Jahren neigen zu diesen Verhaltensstörungen, dies hat die Universität Braunschweig in einer Studie herausgefunden. Laut der Erzieher/innen, die damals gefragt wurden, neigen wohl gut 20 Prozent der Jungen und Mädchen zur Gewalt. In einer anderen Studie der Universität Erlangen wird von gut 15 Prozent der Kindergartenkinder gesprochen.

Als Eltern geben wir unser Kind in die Obhut von Kindertagesstätten. Wir gehen davon aus, dass dies ein Schutzraum für unsere Kinder darstellt. Wir können beruhigt zur Arbeit gehen und wissen, unser Kind ist gut versorgt. Das nehmen wir zumindest an, manchmal sieht die

Realität aber anders aus. Erzieher/innen sind zwar angehalten, Gewalteinwirkungen zu verhindern, aber manchmal kommen sie eben auch zu spät. Trotzdem arbeiten Erzieher/innen daran, dass es zwischen der Kindergartengruppe zu keinen schwerwiegenden Konflikten kommt. Sie sind vielmehr angehalten dafür zu sorgen, dass es zu keinen Verletzungen kommt. Erzieher/innen versuchen den Kindern Sozialkompetenzen beizubringen und wie man Konflikte konstruktiv löst. Das gehört zu ihren täglichen Aufgaben in dieser pädagogischen Arbeit. Würden Erzieher/innen nicht gegen aggressives Verhalten von Kleinkindern arbeiten, dann würden beim Opfer massive Minderwertigkeitsgefühle entstehen, die bis zu psychosomatischen Beschwerden sowie Ängsten führen können.

Erzieher/innen müssen bei scheinbarer Gewalt abwägen, ob es sich um das entwicklungsbedingte Kräftemessen zweier Kinder handelt oder ob die Kräfte nicht gleichwertig verteilt sind. Wenn ein Kind stärker als das andere Kind ist, kann eine normale Rangelei schnell mal in einen Gewaltakt übergehen. Das schwächere Kind benötigt dann eindeutig Hilfe von dem Erzieher bzw. der Erzieherin.

Ergebnisse aus der Forschung zeigen, dass der Alltag in den Kindereinrichtungen erheblich dazu beiträgt, ob Kinder aggressives Verhalten zeigen. Sind die Räume, in den sich die Kindergartengruppen aufhalten, zu klein, scheint dieser beklemmende Umstand die Aggressivität der Kinder zu fördern. Dazu beitragen können ebenso eine durchgehende Lautstärke, wenig Beschäftigungsmöglichkeiten sowie der zu geringe Einsatz durch die Erzieher/innen. Darüber hinaus spielt ebenso der Erziehungsstil der Eltern eine Rolle. Natürlich kann Gewalt auch einen anderen Grund haben. Dies gilt zu untersuchen sowie zu überprüfen, da so ein Verhalten nicht toleriert werden darf. Suchen Sie sich gegebenenfalls professionelle Hilfe, wenn Sie im Umgang mit Ihrem gewaltbereiten Kind überfordert sind.

Ich zeige Ihnen nun ein paar Möglichkeiten auf, wie Sie Ihr Kind vor

Gewalt durch Gleichaltrige schützen können. Vorweg - Freundschaften schützen Ihr Kind. Das heißt im Klartext, wenn Ihr Kind in der Kindergartengruppe akzeptiert wird, erste Freunde hat und sich seinem Erzieher bzw. der Erzieherin anvertrauen kann, dann kann sein Selbstbewusstsein mit jedem Tag wachsen.

- Kinder sollten Kontakt zu Gleichaltrigen haben. Wenn Ihr Kind zu einem Geburtstag eingeladen ist oder zu einem gemeinsamen Spielnachmittag, sollten Sie Ihrem Kind dies auch ermöglichen. Daran wachsen die ersten Freundschaften Ihres Kindes und damit auch sein Schutz im Kindergarten.
- Fördern Sie das Selbstbewusstsein des Kindes. Stellen Sie seine Fähigkeiten und Begabungen oft in den Vordergrund.
- Geben Sie Ihrem Kind das Gefühl, dass es in der Erziehung mitbestimmen darf. Wenn Ihr Kind mitreden darf, lernt es Entscheidungen selbst zu treffen oder für sein Handeln die entsprechende Verantwortung zu übernehmen. Sie können zum Beispiel Ihr Kind selbst bestimmen lassen, welches Spielzeug es mit in den Kindergarten nimmt und welche Klamotten es anzieht.
- Geben Sie Ihrem Kind jederzeit das Gefühl, dass es bei Kummer immer ein offenes Ohr bei Ihnen haben wird.
- Wenn Ihr Kind in eine Konfliktsituation gerät, können Sie ab einem bestimmten Alter versuchen, dass Ihr Kind zunächst allein auf die Lösung kommt. Wenn es den Konflikt nicht gelöst bekommt, können Sie immer noch eingreifen.
- In den Medien ist Gewalt allgegenwärtig. Reflektieren Sie gemeinsam mit Ihrem Kind das Gesehene und sprechen Sie darüber, wieso Gewalt keine Lösung ist.
- Bemühen Sie sich ebenso um die Eltern, dessen Kinder den gleichen Kindergarten besuchen. Bringen Sie sich bei Elternabenden oder sonstigen Dingen mit ein. Auch ein gemeinsamer Spielenachmittag kann von Ihnen ausgehen. Die Kinder spielen gemeinsam in Ihrem

Garten und Sie haben die Eltern zu Kaffee und Kuchen eingeladen.

Es folgen nun Möglichkeiten zum direkten Handeln, wenn Sie bemerken, Ihr Kind scheint von einem oder mehreren Kindern in der Kindertagesstätte gehänselt zu werden.

- Suchen Sie das Gespräch mit den Eltern des vermeintlichen Mobbers. Schildern Sie sachlich die Dinge aus Ihrer Sicht und hören Sie sich an, was die Eltern für eine Meinung haben. Versuchen Sie aber grundsätzlich Anschuldigungen wegzulassen. Das kommt nie gut. Erinnern Sie sich auch hier an die gewaltfreie Kommunikation und finden Sie als Elternpaare gemeinsam eine Lösung in der Situation.
- Sie können das Gespräch zu den Erziehern bzw. Erzieherinnen suchen, um deren Einschätzung zu erhalten. Wenn Sie bemerken, dass Ihnen nicht richtig zugehört wird, nehmen Sie entweder Ihr Kind aus dem Kindergarten oder versuchen es noch einmal über den Elternbeirat. Bei diesem haben Sie die Möglichkeit, die Gefahr, die Sie sehen, anzusprechen, ohne dass andere Eltern etwas davon mitbekommen.
- Nehmen Sie an Elternabenden teil, bei denen Experten über die „Gewaltprävention in Kindertagesstätten" reden. Diese Experten zeigen ebenso Hilfsmöglichkeiten auf.
- Suchen Sie für Ihr Kind therapeutische Hilfe auf, wenn es selbst zu aggressiven Neigungen tendiert. Gute Anlaufstellen sind hierfür Kinderpsychiater oder Heilpädagogen.
- Wie beim zweiten Punkt bereits angesprochen - manchmal bleibt Ihnen keine andere Wahl, als Ihr Kind aus dem Kindergarten zu nehmen und es in eine andere Kindergartengruppe zu integrieren. Natürlich ist das kein normaler Weg, um einen Konflikt zu lösen und sollte nur im äußersten Notfall getan werden. Aber manchmal bleibt einem als Eltern zum Wohle des Kindes nichts anderes übrig.

# KONFLIKTE ZWISCHEN ÄLTEREN UND JÜNGEREN KINDERN

Streit unter Geschwistern bleibt nie aus. Da kann es im ersten Moment noch völlig ruhig sowie normal ablaufen und schon kommen Schreie aus dem Kinderzimmer. Als Eltern stehen Sie dann oftmals zwischen den Stühlen. Sie dienen den Kindern als Schiedsrichter. Viele Eltern entwickeln eigene Strategien, wenn es darum geht, zwischen den Streithähnen zu schlichten. Dabei sind diese Strategien meistens Strategien, die einen schnellen, aber keinen langfristigen Erfolg mit sich bringen. Die meisten Methoden, die Eltern anwenden, sind leider nur von kurzer Dauer. Eltern schreien oftmals selbst herum, trennen die Kinder, wenn es ein Handgemenge gibt, kritisieren die Kinder für ihr Verhalten oder sprechen schlichtweg ein Machtwort aus. Natürlich sind diese Strategien bequem. Aber meistens bringen diese kurzfristigen Methoden nichts. Die Kinder lernen nichts daraus und der Streit ist sowieso noch nicht ad acta gelegt, d. h. er wird früher oder später wieder ausbrechen. Mit der gewaltfreien Kommunikation würde es besser funktionieren.

Wieso streiten Kinder eigentlich? Lassen Sie uns unseren Blick einmal gen Tierreich richten. Unter den Geschwisterkindern von Tieren existieren ebenfalls Konflikte. Hierbei spielt vor allem das Dominanzverhalten eine große Rolle: „Die Macht des Stärkeren“. Ähnlich ist es auch bei Menschenkindern. Sie versuchen eben zu demonstrieren, welchen sozialen Status sie in der Gruppe haben. Streitereien sind völlig in Ordnung. Sie dienen den Kindern als wertvolle Erfahrung. Als Eltern können Sie aber unter die Arme greifen. Zeigen Sie Ihren Kindern Wege auf, wie sie Konflikte zivilisierter bewältigen können.

Bis zu einem gewissen Grad können Sie den Streithähnen freie Bahn lassen. Jedes Kind hat das Recht, seine Gefühle zu äußern. Sie sollten nur einschreiten, wenn die Kinder sich gegenseitig wehtun oder beleidigen. Hier sollten Sie als Eltern die Grenze ziehen. Versuchen Sie den Streit nicht negativ zu bewerten. Vermeiden Sie es, wertend über die Kinder zu urteilen - auch wenn Sie nur versuchen, den Streit zu schlichten. Das kann falsch von den Kindern verstanden werden. Wenn Sie genau zuhören, werden Sie mitbekommen, ab wann Sie eingreifen müssen. Bis dahin lassen Sie den Kindern freie Hand. Schließlich wollen die Kleinen, wie Erwachsene auch, am liebsten ihren Streit unter sich klären. Greifen Sie immer zu früh ein bei einem Konflikt zwischen den Geschwistern, können Ihre Kinder niemals lernen, wie man einen Streit auflösen kann. Für Kinder sind Streitereien Lernprozesse - nicht nur für Kinder. Erwachsene können mitunter ebenso nicht „richtig" streiten.

Kinder, die viele soziale Kontakte im Leben haben/hatten, können später besser mit Konflikten umgehen. Das kommt daher, dass sie von klein auf mit den verschiedensten Streitsituationen konfrontiert waren. Als Erwachsene können diese Kinder dann bei Konflikten schneller zu einer Lösung kommen. Wenn im Gegensatz dazu Kinder niemals streiten oder sehr selten in solche Situationen geraten, haben sie als Erwachsene oftmals Schwierigkeiten, die richtigen Lösungsansätze zu finden. Mit Konflikten können diese Menschen nicht so gut umgehen. Aus diesen vielen Gründen sollten Sie Ihre Kinder ruhig streiten lassen. Sie lernen dabei fürs ganze Leben. Schreiten Sie nur ein, wenn es in Ihren Augen „zu wild" zugeht. Dabei sollten Sie aber behutsam vorgehen. Sie sollten nicht die Kontrolle des Streits übernehmen oder die Kinder zurechtweisen. Geben Sie Hilfestellungen, wie die Geschwister ihren Streit selbst schlichten können. Sehen Sie sich als neutralen Mediator. Schlagen Sie sich zum Beispiel auf die Seite von Kind A, wird Kind B dies nicht nachvollziehen können. Der nächste Konflikt ist damit schon vorprogrammiert.

Gehen Sie einmal in sich, dann müssten Sie eigentlich zugeben, dass Sie Streit zwischen Kindern nur geschlichtet haben, damit wieder für Sie selbst Ruhe einkehrt. Es ging Ihnen allerdings nie darum, den eigentlichen Konflikt aufzulösen oder dabei auf die Bedürfnisse Ihrer Kinder zu achten. Ihre eigenen Bedürfnisse standen immer im Vordergrund. Bei der gewaltfreien Kommunikation sollten natürlich Ihre eigenen Bedürfnisse ebenfalls berücksichtigt werden, aber bei einem Streit unter Geschwistern geht es nicht um Sie persönlich. Es geht um die Kinder und dass diese mit jedem Streit etwas dazulernen können - nämlich, wie man einen Streit galant und zugunsten von Kind A sowie Kind B bewältigen kann. Als Eltern müssen Sie einen langen Atem haben, nur so können Sie helfen, dass der Streit nicht nach ein paar Minuten wieder eskaliert. Langfristig werden Sie Ihr eigenes Ziel, nämlich Ruhe einkehren zu lassen, auch erreichen.

Wie können Sie also einen Streit zwischen den Geschwistern richtig lösen? Als Erstes sollten Sie dafür sorgen, dass jedes Kind abwechselnd das Wort ergreifen kann, um seinen Standpunkt zu äußern. Sie dienen dabei, wie gesagt, als neutraler Vermittler. Sie können bei ganz jungen Kindern unterstützen, die richtigen Worte bzw. Aussagen zu finden. Dabei nehmen Sie aber nicht die Position dieses Kindes ein, sondern bleiben weiterhin im Hintergrund. Wenn Sie als Eltern Ihren Kindern beibringen wollen, wie man sachlich streitet, müssen Sie Ihre Beziehungskonflikte mit denselben Methoden schlichten. Sie sind das Vorbild der Kinder. Wenn Sie als Eltern es nicht vorleben, wie sollen es dann Ihre Kinder umsetzen? Manchmal bleibt es nicht aus, dass Sie bei jedem neu aufkeimenden Konflikt das Mantra des „normalen" Streitens wiederholen müssen. Irgendwann verstehen es Ihre Kinder und die Wiederholungen werden mit der Zeit immer weniger. Besonders wenn die Kinder jünger sind, bleibt eine ständige Wiederholung nicht aus. Irgendwann haben die Kinder den Bogen raus und werden immer weniger auf Ihre Hilfe als Eltern angewiesen sein.

Etwas sehr Wichtiges habe ich noch nicht angesprochen. Es ist großartig, wenn die Regeln eingehalten werden, die Sie als Mediator aufstellen, aber die Kinder müssen diese Regeln auch verstehen. Vermitteln Sie Ihren Kindern deswegen ebenso, weshalb sie es so oder so machen sollten. Wenn Kinder nämlich verstanden haben, wieso diese Regeln sinnvoll sind, dann führen sie diese nämlich freiwillig aus - von ganz alleine.

An diese Regeln können Sie sich halten:

- **1. Regel:** Konflikte unter den Geschwistern sollten niemals auf nonverbaler Ebene stattfinden. Nur verbale Kommunikation ist erlaubt. Also kein Treten, kein Hauen, kein Schubsen, Beißen oder Kratzen. Hin und wieder greifen Kinder zu Gegenständen zurück, die sie als Waffe einsetzen. Dies sollte ebenfalls unterbunden werden. Des Weiteren sollten Sie darauf achten, dass die verbale Kommunikation ohne Beleidigungen auskommt.
- **2. Regel:** Kinder sollten nur zu zweit streiten. Wenn Sie mehrere Kinder haben, dann sorgen Sie dafür, dass nur zwei Parteien miteinander kommunizieren. Wenn eine dritte Person involviert ist, kann es ansonsten schnell in zwei-gegen-einen ausarten. Dies gilt es zu vermeiden. Kinder sollen die Chance haben, sich verbal wehren zu können. In einer Gruppendynamik ist das schwer erreichbar.
- **3. Regel:** Es sollte weder Gewinner noch Verlierer geben. Es bedeutet, dass beide Kinder lernen müssen, dass es wichtig ist, Kompromisse zu finden. Im besten Fall geht der Konflikt so aus, dass die Bedürfnisse beider Kinder erfüllt werden.

Ich fasse kurz zusammen. Es ist natürlich und gesund, wenn Kinder streiten. Es gehört zu ihrer Entwicklung dazu. Wichtig ist nur, dass wir Eltern dabei lediglich unterstützen, wie die Kinder streiten. Es geht nicht darum, Partei für ein Kind zu ergreifen. Als Eltern müssen sie dabei absolut neutral sein und nur als Mediator dienen. Wenn Kinder lernen, dass man Konflikte gemeinsam in einem ruhigen Gespräch klären kann, verinnerlichen sie dieses Verhalten. Besonders gut ist es, wenn die Kinder zusammen auf eine akzeptable Lösung für beide Kinder kommen - von alleine, ohne die Hilfe der Eltern. Als Eltern können Sie zu Vielem beitragen. Leben Sie Ihrem Kind zum Beispiel einfach vor, wie man richtig streitet, denn zu Ihnen schauen die Kinder auf, egal, wie alt die Kinder sind. Sobald Erwachsene sich in den Konflikt einmischen, entstehen auf der Seite der Kinder häufig Zweifel an ihrer eigenen Integrität. Zudem gehen Eltern oftmals dazu über, in Verurteilungen sowie Anschuldigungen zu verfallen, zum Leidwesen der Kinder. Ich möchte Ihnen an dieser Stelle weitere Methoden aufzeigen, wie Sie als Erwachsener eine gute Figur bei der Schlichtung zwischen Geschwistern oder Kindern allgemein machen. Wichtig ist aber, dass Kinder im besten Fall ihre Streitigkeiten alleine lösen. Wir als Eltern helfen den Kindern nur dabei, den Konflikt eigenverantwortlich zu regeln.

Für ein friedvolles Miteinander ist es wichtig, dass alle innerhalb der Familie, einem Klassenverbund, einer Arbeitsstelle oder sonstigen Gruppierungen, (an)gehört werden. Für Kinder ist es besonders wichtig, dass sie lernen, ihre eigene Meinung zu sagen sowie zu vertreten, aber gleichzeitig auf die eigenen Bedürfnisse als auch auf die Bedürfnisse ihres Gegenübers zu achten. Wie die Großen möchten Kinder eben ihre Konflikte selbst austragen.

Hier noch ein paar Hilfestellungen für den Alltag mit streitenden Kindern:

- Bleiben Sie unter allen Umständen ruhig.
- Als Hilfestellung fürs „richtige" Streiten können Sie Gesagtes von den Kindern wiederholen sowie zusammenfassen.
- Fragen Sie die Kinder ganz offen, wie Sie den Konflikt lösen möchten, helfen Sie klar zu kommunizieren.
- Achten Sie darauf, dass die Bedürfnisse beider Kinder berücksichtigt werden.

Es folgt nun ein konkretes Beispiel. Folgendes Szenario hat zwischen meinen Kindern tatsächlich so stattgefunden:

Mein Sohn hat mit seinen Duplo-Legobausteinen gespielt. Meine kleine Tochter wollte ihm nun unbedingt den roten Duplo-Stein wegnehmen. Er sagte zu ihr: „Es ist mein Legostein." Sie reichte ihm einen blauen Duplo-Stein, den sie gerade aufgehoben hatte und wollte vermutlich damit ausdrücken, sie können doch tauschen. Er schüttelte nur energisch den Kopf. Daraufhin klaute meine Tochter ihm den begehrten Stein und er haute ihr unsanft auf den Kopf. Sie fing sofort an zu weinen. Sofort schritt ich ein: „Bitte legt das Spielzeug beiseite. Wir müssen reden." Ich setzte mich zu den beiden auf den Boden. Die Kleine nahm ich auf meinen Schoss, wodurch sie auf Augenhöhe zu ihrem Bruder war. Es bringt schon ein wenig Entspannung in die Situation, wenn Sie sich als Eltern mit auf den Boden setzen und den Kindern ebenfalls auf Augenhöhe begegnen. Ich sagte zu meinem Sohn, dass ich gesehen hätte, wie er seiner Schwester auf den Kopf gehauen hat. Ich gebe also nur das wieder, was ich gesehen habe, ohne dabei irgendeine Wertung abzugeben. Ohnehin ist dies ein Tipp fürs Leben. Versuchen Sie niemals eine Bewertung der Situation wiederzugeben, wenn Sie vor einem Konflikt stehen. Sagen Sie nur das, was Sie beobachtet haben. Mein Sohn sagte mir daraufhin: „Ja, weil sie mir den Stein weggenommen hat. Das passt mir nicht, das ist mein Spielzeug."

Danach wiederholte ich seine Worte. Ich versuche die Worte altersgerecht meiner Jüngsten zu vermitteln. „Dein Bruder hat gesagt, du hast ihm den Stein weggenommen." Da meine Tochter noch sehr jung ist, half ich eine Lösung anzubieten. Ich richtete meine nächsten Worte an beide in der Hoffnung, besonders mein Ältester würde es verstehen: „Wie können wir es lösen, dass ihr beide wieder zusammenspielt?" Zum Glück verstand mein Sohn, was ich damit ausdrücken wollte. „Ich habe in meiner Legokiste noch mehr rote Steine. Ich gebe ihr einen von denen." Ich wiederholte die Worte, um das Geschehen meiner Tochter zu verdeutlichen: „Dein Bruder sucht dir einen anderen roten Duplo-Stein." Siehe da, am Ende haben beide Kinder friedlich mit ihren roten Duplo-Legosteinen gespielt.

Ich will Ihnen natürlich keinen Bären aufbinden. Diese Art der Konfliktbewältigung benötigt Zeit. Mein Sohn hatte nur verstanden, worauf ich hinauswollte, weil wir diese Art der Konflikte bereits mehrfach hinter uns hatten. Jedes Mal habe ich dabei versucht, beide Kinder so zu lenken, dass sie ihren Streit im Grunde alleine bewerkstelligen konnten. Mama hat nur ein wenig geholfen. Der große Bruder war zufrieden und die kleine Schwester war es auch. Durch unser Zutun gewähren wir unseren Kindern genügend Freiraum, sich zu entfalten. Sie lernen, für sich selbst einzustehen. Wir leiten sie am Anfang nur an, eine passable Lösung für alle zu finden. Wenn Sie das alles berücksichtigen, helfen Sie dabei, das Selbstbewusstsein bei Ihren Kindern zu fördern.

## ALS ELTERN SIND SIE NUR EIN MEDIATOR

Ich betrachte nun konkreter die Rolle der Eltern bei einem Streit zwischen Geschwistern. Konflikte treten immer da auf, wo Personen zusammenkommen. Es gehört eben zu unserem sozialen Leben dazu. Bei Kindern kann von jetzt auf gleich eine Streitsituation entstehen. Eben spielten die Kleinen noch brav miteinander und im nächsten Moment beginnt das große Drama. Als Erwachsene können wir den Konflikt nicht immer direkt nachvollziehen. Zudem ist es für viele Eltern schwierig, einschätzen zu können, ob sie nun eingreifen sollen oder lieber nicht. Auf den ersten Blick scheint die gewaltfreie Kommunikation zwar der schwierigere Weg zu sein, aber es zahlt sich am Ende aus. Der Konflikt zwischen den Kindern ist geregelt und er wird dann nicht mehr so schnell wieder aufkeimen.

Wie bei meinem Beispiel im vorangegangenen Kapitel kann man als Eltern nicht davon ausgehen, dass Kinder unter drei Jahren verstehen, wie sie geschickt einen Konflikt lösen können. Deshalb war es mir wichtig, dass der große Bruder die Vorbildfunktion übernimmt. Er sollte als Erstes einlenken. Wenn meine Tochter älter ist, hat sie bereits viele Beispiele erlebt, wie man einen Streit besser beilegen kann. Kinder unter drei Jahren verstehen oftmals noch gar nicht, was wir von ihnen wollen. Sie reagieren aus dem Impuls heraus. Sie reagieren zornig, wenn sie wütend sind. Kinder sind besonders dann wütend, wenn ihre eigenen Bedürfnisse übergangen werden. Wie gesagt, leider haben Kinder unter drei Jahren noch nicht die Veranlagung, einen Konflikt im vollen Umfang zu begreifen. Was jedoch in meinem Beispiel funktioniert hat, war, dass mein Sohn ebenso die Bedürfnisse seine Schwester im Blick hatte. Dadurch beruhigte sie sich ebenso. Beide spielten am Ende wieder normal miteinander.

Ich führe nun die häufigsten Konfliktsituationen unter kleinen Kindern auf:

**1. „Meins" oder „Deins"?**

Kleinkinder lernen erst mit der Zeit, dass es eine Unterscheidung zwischen ihren Spielsachen und den Spielsachen von anderen Kindern gibt. Mit dem sie gerade spielen, gehört ihrer Meinung nach ihnen. Sie haben noch gar keine Wahrnehmung dafür, dass das Spielzeug ihrem Cousin, einem Spielkameraden oder dem Geschwisterkind gehört. Für kleine Kinder gehört immer alles ihnen. Wenn sie Interesse an einem Spielzeug oder sonstigen Gegenständen haben, dann ist dies ihr „Eigentum". Dieses wird auch mit allen Mitteln verteidigt, wenn jemand von außen eingreifen möchte.

**2. „Revierkämpfe"**

Wie in der Tierwelt versuchen Kinder ihren Platz/Raum für sich zu beanspruchen, sei es die Ecke im Sandkasten, der Spielteppich im Kinderzimmer oder in der Spielecke der Kindertagesstätte. Sie können sicher sein, dass das Kind seinen Bereich für sich beansprucht und andere Kinder wiederum versuchen, dieses Gebiet für sich einzunehmen.

### 3. Um Aufmerksamkeit buhlen

Kinder wollen ständig die Anerkennung ihrer Eltern erhalten. Ebenso buhlen sie um Aufmerksamkeit von anderen, ihnen nahestehenden Erwachsenen oder Freunden. Gerade Geschwisterkinder sind oftmals eifersüchtig, wenn die Mama oder Papa sich gerade mit dem Bruder oder der Schwester befasst, aber eben nicht mit ihnen.

### 4. Angestaute Wut

Ist ein Kleinkind wütend, dann lässt es seinen Frust meistens an seinem Gegenüber aus. Auch wenn es eigentlich wütend auf sich selbst, auf jemand anderes oder etwas anderes ist. Hier erkennt man wieder, dass Kinder aus dem Impuls heraus handeln.

### 5. Sich überschätzen/sich überlegen fühlen

Kinder fühlen sich manchmal supergroß und superstark, obwohl sie es gar nicht sind. Sie meinen dann, sie können es mit jedem aufnehmen. Auf der anderen Seite gibt es eben Kinder, die sind größer oder stärker. Diese demonstrieren diese Stärke gerne gegenüber Schwächeren. Streitigkeiten fallen dann zu ihren Gunsten aus, auf Kosten der schwächeren Kinder.

### 6. Rangfolge

Kinder versuchen immer ihren Platz im Leben zu finden. Sie sind auf der Suche nach ihrer eigenen Identität und Position. Mit allen Mitteln werden dabei Rollen und Rechte ausgehandelt sowie Rangfolgen bestimmt. Ein kleines Beispiel: Ein Junge im Kindergarten sitzt immer auf demselben Platz. Es war schon immer sein Platz. Ein neues Kind kommt in die Gruppe, das sich durchzusetzen weiß: „Ab sofort werde ich hier sitzen." Das Kind, welches vertrieben wurde, kuscht, weil es sich unterlegen fühlt.

**7. Aus Langeweile**

Viele Kinder provozieren mit Absicht einen Streit, weil ihnen langweilig ist und es doch Spaß macht, wenn etwas Action im Haus ist. Schließlich ist dann endlich wieder etwas los.

Kinder holen oftmals einen Erwachsenen, weil sie den Schuldigen an der Streitsituation identifizieren wollen. Kinder werden sich immer gegenseitig beschuldigen. Wenn aber Eltern sich einmischen und eine Wertung abgeben, ist dies meistens von wenig Erfolg gekrönt. Entweder der Erfolg bleibt komplett aus oder er ist leider nur von kurzer Dauer. Manchmal kann der Schein auch trügen. Der Konflikt startete vielleicht aus komplett anderen Gründen, die Sie als Eltern aber nicht mitbekommen haben. Sie kamen ja auch viel später zum Konflikt dazu.

Zunächst einmal ist es wichtig, beiden Kindern gegenüber verständnisvoll zu sein. Sie sollten sich hüten, eine Beurteilung der Situation zu vollziehen. Schließlich möchten Sie, dass sich Ihre Kinder auf andere Art verständigen. Der Konflikt soll gewaltfrei diskutiert und gelöst werden. Ab dem ca. vierten Lebensjahr von Kindern fangen Kinder an, besser über Empfindungen sprechen zu können. Zudem können sie Situationen viel besser einschätzen. Sie sind dann fähig, Konflikte mit Hilfe der gewaltfreien Kommunikation aufzulösen. Natürlich bedarf es in diesem Alter immer noch Hilfestellung durch die Eltern.

Als Eltern wollen wir die Streitereien unseres Nachwuchses meistens schnell in den Griff bekommen. Oftmals mischen wir uns aber zu schnell in die Angelegenheit der Kinder ein. Ich erinnere an mein Erlebnis in der Bahn mit der Mutter und ihrem Kind, die immer sagte: „Mama möchte das nicht." Dies ist ein treffendes Beispiel, wie es eben nicht funktionieren kann. Die Mutter hatte versucht, ihr Kind zu beruhigen, ohne auf die eigentlichen Gründe dafür einzugehen. Wieso hatte das Kind gerade Bewegungsdrang? Wäre es zu viel gewesen, mit dem Kind ein paar Schritte gemeinsam durch den Zug zu laufen? Hätte sie dem

Kind nicht erklären können, wieso es nicht gut ist, unruhig zu sein, denn es fühlen sich vielleicht andere Fahrgäste vom Verhalten belästigt?

Eltern denken manchmal, sie seien eine Art Kinder-Polizei. Sie kommen zum Tatort. Identifizieren den Schuldigen. Bestrafen die Kinder für ihr Verhalten. Wundern sich dann aber, dass die Konfliktsituation nach ein paar Minuten oder Stunden wieder ausbricht. Andere Eltern wiederum sehen es eher als ihre Aufgabe, die Kinder zu beschwichtigen. Sie versuchen dann alles, dass die Kinder doch alles gemeinsam machen könnten. „Spielt doch zusammen mit den Legosteinen.“, „Entschuldige dich bei deinem Bruder.“, „Lass deine Schwester doch mitspielen.“ oder „Gemeinsam macht das doch viel mehr Spaß.“ Diese Aufforderungen gehen oftmals in ein Ohr rein und durch das andere Ohr der Kinder wieder heraus. Ganz einfach: Kinder reagieren dann trotzig, weil in dem Moment ihr Bedürfnis nicht berücksichtigt wird. Sie wollen eben gerade etwas ganz anderes, nämlich, dass das Geschwisterkind es in Ruhe lässt. Sie wollen alleine spielen.

Dieses Bedürfnis wird aber von den Eltern ausgehebelt und das Kind fühlt sich übergangen, weil es nun mit seinem Bruder oder Schwester spielen muss. Durch dieses „Müssen“ fühlen sich Kinder entweder unter Druck gesetzt und geben irgendwann klein bei, aber ohne es eigentlich zu wollen oder aber sie reagieren noch wütender. So oder so - Ihr Kind fühlt sich von Ihnen missverstanden. Kinder reagieren durch Impulse. Sie möchten ihr eigenes Bedürfnis gestillt wissen.

An meinem Beispiel im vorangegangenen Kapitel sehen Sie, dass es eben auch anders geht. Nämlich immer dann, wenn Kinder alleine auf eine Lösung für die Situation kommen. Wenn irgendwann einmal beide Kinder gleichzeitig das Bedürfnis haben, mit ihrem Geschwisterchen zu spielen, werden sie es auch tun. Aber wir müssen Kinder nicht zu etwas zwingen, was sie nicht selbst in dem Augenblick möchten. Seien Sie einfach der Mediator. Vermitteln Sie das Gesagte, die Gefühle und die Bedürfnisse während des Streits. Dann verstehen beide Kinder, egal in welchem Alter sie sind, dass der Gegenüber ebenso Bedürfnisse hat und dass es Wege gibt, gemeinsam eine Lösung zu finden. Eine Lösung, die beide Kinder zufriedenstellt und nicht eines frustriert zurücklässt.

Ich zeige Ihnen nun noch ein paar Methoden auf, wie Sie Kinder unterstützen können:

**1. Kinder sind noch sehr jung**

Selbstverständlich können junge Kinder sich sprachlich noch nicht richtig ausdrücken. Deshalb springen Sie als Eltern ein und werden zum Sprachrohr des Kindes. Vergewissern Sie sich aber, dass Sie Worte wählen, die wirklich ausdrücken, was Ihr Kind sagen möchte. Durch Rückfragen an das Kind können Sie sicher sein, die richtige Emotion Ihres Kindes aufgegriffen zu haben.

**2. Nehmen Sie den Streit Ihrer Kinder ernst**

Wenn Sie einen Streit beobachten, dann gehen Sie auf Ihre Kinder zu und nehmen Sie zur Kenntnis, dass ein Streit vorliegt. Dies können Sie ebenso äußern: „Ich sehe, ihr streitet." Damit geben Sie beiden Kindern das Gefühl, dass Sie die Lage erkannt haben und die Situation ernst nehmen. Zudem können Sie bei beiden Kindern nach den Gefühlszuständen fragen. Sie sollten eben neutral bleiben. Stellen Sie sich nicht auf die Seite von einem Kind, sonst untergräbt es die Meinung des anderen Kindes. Sie dürfen beide Kinder auch gleichwertig trösten.

**3. Hören Sie wirklich jedem Kind richtig zu**

Dies geht einher mit Tipp Nummer 2. Wenn Ihnen Kind A eine Situation schildert, dann fragen Sie Kind B, was es dazu denkt und umgekehrt. Hören Sie sich beide Seiten gut an. Urteilen Sie aber niemals über die Gesamtsituation. Es geht nicht darum, den Schuldigen zu finden, sondern darum, eine Lösung des Konfliktes zu finden!

**4. Kinder holen Sie zur Hilfe**

Wenn die Kinder bei Ihnen Rat holen, dann vergewissern Sie sich, was Ihre Kinder von Ihnen erwarten. Sie können hierbei wieder Rückfragen nutzen: „Inwieweit kann ich Euch helfen?“ Damit forcieren Sie den Streit in Richtung gemeinsame Lösungsfindung.

**5. Gemeinsam die Lösung generieren**

Fragen Sie Ihre Kinder, welche Alternativen es für den Streit gäbe. Was haben die Kinder schon alles unternommen, um den Konflikt aufzulösen? Welche Ideen haben die Kinder, den Streit für beide Seiten positiv aufzulösen? Wenn die Kinder noch nicht selbst auf eine gemeinsame Lösung kommen, dann bieten Sie ihnen drei bis vier Möglichkeiten an. Die Kinder sollen dann zusammen entscheiden, für welche der Vorschläge sie sich entscheiden.

Ich komme nun zu einem Thema, das mit einem normalen Streit oder Konflikt nichts zu tun hat. Vielleicht lag der Ursprung mal in einem Streit, aber letztendlich lässt sich dieses Problem nicht so einfach aus der Welt schaffen. Es geht um das Thema „Mobbing“. Mobbing habe ich noch gar nicht thematisiert, aber es ist ein weitverbreitetes Phänomen, gerade bei schulpflichtigen Kindern. Der Unterschied zwischen Streit und Mobbing liegt darin, dass es kein kurzzeitiges Problem ist zwischen zwei gleichstarken Individuen. Oftmals ist es eine wiederkehrende Handlung, die entweder aus einer Gruppe heraus passiert und die sich gegen eine Person richtet. Aber es kann sich auch um einen „Einzeltäter“ handeln, der das Leben seines Opfers zur Hölle macht. Dabei wird über einen langen Zeitraum alles versucht, um das Opfer mürbe zu machen, bis es zerbricht. Es macht Mobbern Spaß, jemanden psychisch oder physisch zu quälen. Dies geschieht auf vielfältige Weise. „Cyber-Mobbing“ reiht sich ebenfalls als Unterthema zum Thema „Mobbing“ ein. Gerade Cyber-Mobbing nimmt in den sozialen Netzwerken immer mehr zu. Aber egal, ob im Internet oder im realen Leben - Ziel ist es immer, das Opfer zu erniedrigen, um sich selbst besser als auch überlegen zu fühlen. Es kann vorkommen, dass das Cyber-Mobbing und das Mobbing in der realen Welt miteinander verschmelzen.

Als Eltern erscheinen wir manchmal sehr hilflos. Einerseits sollen wir unsere Kinder dahingehend erziehen, dass es seine Konflikte selbst lösen kann. Aber wie bereits angedeutet, „Mobbing" ist nicht dasselbe wie ein normaler Streit oder Konflikt. Wenn Sie bemerken, dass Ihr Kind sich immer mehr zurückzieht, nicht mit Ihnen über seine Probleme spricht und sich a-typisch verhält, dann sollten Sie genauer hinsehen, was in dem Umfeld des Kindes geschieht. So oder so wird das Kind seine Fähigkeit verloren haben, die Situation alleine in den Griff zu bekommen. Ihr Kind vertraut sich Ihnen an. Sie sollten ihm so viel Vertrauen sowie Zuspruch entgegenbringen wie möglich - auch wenn die Erzählung des Kindes Sie wütend oder traurig macht.

Wenn Sie als Eltern dann um das Problem „Mobbing" wissen, können Sie zur Tat schreiten:

- Bieten Sie Ihrem Kind Ihre Unterstützung an.
- Organisieren Sie professionelle Hilfe.
- Kontaktieren Sie den/die Klassenlehrer/in bzw. die Schule und bitten um Hilfe.
- Seien sie konsequent und verlangen Sie, dass der/die Klassenlehrer/in bzw. die Schule Maßnahmen ergreift, Ihr Kind zu schützen sowie das Mobbing zu stoppen.

Wenn Sie das Gespräch in der Schule suchen:

- Die Gespräche zwischen Ihnen und der Schule/Klassenlehrer/in sollten ohne das Kind stattfinden.
- Vermeiden Sie es, Ihrem Kind die Schuld an seiner Opferrolle zu geben.

- Suchen Sie niemals den Kontakt zum Kind bzw. zu den Kindern, welche(s) Ihr Kind mobben/mobbt.
- Ebenso vermeiden sollten Sie es, direkt mit den Eltern der Täter zu reden.
- Sichern Sie Beweise, die Ihr Kind vermutlich liefern kann, beispielsweise Fotos von blauen Flecken, Drohbriefe, Chatverläufe oder sonstiges.
- Vergewissern Sie sich, dass die Schule ausgedehnte Maßnahmen einsetzt, eine sichere Umgebung für alle Kinder zu schaffen (Präventionskurse gegen Mobbing, etc.).

Denken Sie immer daran: Mobbing entsteht immer dort, wo es geschehen darf!

# Nie im Wohle des Kindes: Gewalterfahrungen

Der Fokus meines Ratgebers *„Mama möchte das nicht" – Gewaltfreie Kommunikation mit Kindern* lag bisher hauptsächlich auf der verbalen Gewalt. Ich habe jedoch mehrfach erwähnt, dass auch non-verbale Gewalt nie ein geeignetes Mittel darstellt. Gewalt gegenüber Kindern ist niemals entschuldbar. Jegliche Gewalt sollte untersagt werden, wenn es in keinem sportlichen Wettkampf stattfindet. Die gesamte Gesellschaft ist dazu aufgerufen, sich gegen Gewalt, insbesondere gegenüber Schwächeren, einzusetzen. Jedoch muss ebenso aufgegriffen werden, dass Kinder, die keine direkte Gewalt erleben, aber durch ihr Umfeld mit Gewalterfahrungen konfrontiert sind, ebenso schützenswert sind. In diesem siebten und vorletzten Kapitel soll es darum gehen, Ihnen aufzuzeigen, welche negativen Folgen bei Kindern durch Gewalt ausgelöst werden können - beginnend mit dem Thema „Häusliche Gewalt zwischen den Partnern". Darauf aufbauend schließt sich das Thema „Wenn sich die Gewalt gegen das Kind richtet" an.

## HÄUSLICHE GEWALT ZWISCHEN DEN PARTNERN

Den meisten Erwachsenen scheint es gar nicht bewusst zu sein, aber häusliche Gewalt, die sich gegen den Vater oder die Mutter richtet, ist auch eine Kindeswohlgefährdung. Zwar werden die Kinder nicht misshandelt, aber die psychischen Leiden bei Kindern, die Gewalt miterleben, sind ebenfalls enorm. Denn das bloße Miterleben von Gewalt kann regelrecht traumatisierend für ein Kind sein. Sie hören und sehen alles. Sie bekommen alles mit. Das erzeugt große Wunden in einer kleinen Kinderseele, auch wenn die Hand niemals gegen das Kind erhoben wird. Aber zu sehen, wie ein Elternteil leidet, erschüttert die Seele eines jeden

Kindes. Die psychosoziale Entwicklung des Kindes nimmt Schaden. Diese dramatische Entwicklung hat Folgen für die Zukunft des Kindes. Zum Beispiel die Unfähigkeit, Beziehungen einzugehen und zu führen. In den verschiedensten Studien können Sie nachlesen, dass es Mädchen als auch Jungen erheblich belastet, die Gewalt unter den Eltern mitzuerleben. Ebenso sind die gravierenden Folgen in den Studien beschrieben, die wirklich erschreckend sein können.

Kinder können durch Wände hindurch „fühlen" – was ich damit ausdrücken möchte ist, dass Kinder es nicht direkt sehen oder hören müssen, um zu verstehen, dass etwas mit ihren Eltern nicht stimmt. Wenn es kein Geschwisterkind gibt, dann sind die Kinder mit der Situation meistens auf sich alleine gestellt, da sich die Eltern in der Gewaltspirale befinden. Die Eltern kriegen kaum mit, wie sehr das Kind darunter leidet. Diesen Kindern bleibt oftmals nichts anderes übrig, als sich eventuell Außenstehenden anzuvertrauen, das können die Freunde, die Großeltern oder der/die Vertrauenslehrer/in sein. In der Regel benötigen Kinder aber ziemlich lange, von ihren Erlebnissen von zu Hause zu berichten. Existiert ein Geschwisterkind, dann nimmt oftmals das ältere Kind die Beschützerrolle ein. Es versucht dann, das jüngere Kind von aller Gewalt im Haus abzuschirmen. Jedoch empfinden alle Kinder das Gleiche, wenn es Gewalterfahrungen in der Familie gibt: Die Familie ist existenziell bedroht. Mit anderen Worten – die Familie sollte eigentlich die Gemeinschaft sein, die uns Schutz bietet. Ist dieser Schutz bedroht, haben wir das Gefühl, unser Lebensmittelpunkt – die Familie – zerbröckelt. Sogar die Angst, ein Elternteil könnte unter den Gewaltexzessen sterben, ist für diese Kinder allgegenwärtig. Weiterhin können Kinder empfinden, dass der Vater oder die Mutter in Rage soweit gehen würde und alle Familienmitglieder tötet. Das Kind fühlt sich also ebenso bedroht und hat Angst um sein Leben. Weiterhin ist die Gewalt unter den Eltern immer für die Kinder ein regelrechter Loyalitätskonflikt. Wie soll ein Kind auch verstehen, wenn der Mann, der die Mama schlägt, gleichzeitig der liebevollste Papa der Welt ist. Das Kind steht immer zwischen den Stühlen. Wenn Jungs größer werden, nehmen sie manchmal die Beschützerrolle ein. Sie stellen sich dann oftmals vor ihre Mutter und versuchen den Vater davon abzuhalten, gewalttätig zu sein. Dabei ist es nicht die Rolle des Sohnes, die Familie zu schützen. Eigentlich sollte der Schutz vom Vater ausgehen, da dieser aber dieser Rolle nicht nachkommt, haben gerade Jungen das Gefühl, diese Rolle ausfüllen zu müssen. Ein weiteres Problem bei elterlicher Gewalt ist, dass ein Kind in dieser Zeit auf sich allein gestellt ist. Wenn das Kind noch sehr jung ist, kann es passieren, dass sich das Kind in Gefahr begibt, weil die Eltern gar nicht mitbekommen, was das Kind eigentlich gerade macht.

Was passiert also mit einem Kind, dessen Eltern in einer Gewaltspirale leben? Um diese Frage zu beantworten, blicken wir zunächst zum Neugeborenen. Neugeborene sind hilflos in ihrer ganzen Art. Sie kommen quasi ungeschützt zur Welt. Sie sind von uns abhängig. Sie sind sehr reizoffen, das heißt, alles für sie ist neu und wird im Gehirn verarbeitet. Weiterhin können Neugeborene sich nicht selbst regulieren. Sie benötigen also die Fürsorge und die Obhut ihrer Eltern, um zu überleben. Wird ein Kind in ein gewaltvolles Elternhaus hineingeboren, kann es öfter passieren, dass die Eltern zu spät auf den Säugling reagieren. Die Bedürfnisse des Babys werden dann viel zu spät gedeckt. Bereits diese verspätete Reaktion der elterlichen Fürsorgepflicht kann Entwicklungsprobleme verursachen. Es können massive Bindungsstörungen auftreten, besonders in den ersten Lebensjahren des Kindes. Darüber hinaus kann das Kind eine Borderline-Störung entwickeln.

Was ist eine Borderline-Störung? Zur Erklärung ziehe ich ein Zitat von der Internetseite www.neurologen-und-psychiater-im-netz.org (vom 13.09.2020, 13:00 Uhr) heran: „Bei der Borderline-Störung handelt es sich um eine Persönlichkeitsstörung, die durch Impulsivität und Instabilität von Emotionen und Stimmung, der Identität sowie zwischenmenschlichen Beziehungen charakterisiert ist.“

Im Leben des Kindes, welches Gewalt in der Familie miterlebt, geschieht oftmals Folgendes:

- Das Kind entwickelt Schlafstörungen.
- Das Kind ist ängstlich, welches von seiner Hilflosigkeit herrührt, nicht eingreifen zu können, um die Situation zu beenden.
- Das Kind verliert das Vertrauen zu beiden Elternteilen; das Elternteil, welches das Opfer ist, ist deswegen nicht mehr vertrauenerweckend, weil beide Elternteile eigentlich ebenbürtig auftreten sollten.
- Das Kind zeigt ebenfalls aggressives Verhalten oder es ergreift regelrecht die Flucht bei sozialen Interaktionen.
- Das Kind reagiert abwehrend gegenüber neuen Personen oder Situationen.
- Das Kind entwickelt Bewusstseinsstörungen für sich und seine Umwelt.
- Auch als Erwachsener kann das Kind immer wieder Rückblenden erleben, diese können dann ein Zeichen einer posttraumatischen Belastungsstörung sein.
- Das Kind entwickelt in seinem Leben psychische oder physische Erkrankungen, die im Kern auf die Gewalterfahrung innerhalb der Familie herrühren.
- Das Kind zeigt Verhaltensauffälligkeiten oder Unruhe oder sogar beides.
- Das Kind versucht die Gewalt zu verarbeiten, dabei hat es starke innerliche Identifikations- sowie Loyalitätskonflikte.
- Das Kind gibt sich selbst die Schuld an der Situation der Eltern bzw. fühlt sich verantwortlich.
- Das Kind versucht mit dem Wegfall der elterlichen Fürsorge umzugehen.
- Das Kind macht sich mehr Gedanken um die Eltern, um sich und um eventuelle Geschwisterkinder, als Eltern es sich je vorstellen können.

Zwei Arten von Verhaltensauffälligkeiten setzen sich bei den Kindern durch. Diese Auffälligkeiten begleiten das Kind dann meistens ihr Leben lang. Zum einen handelt es sich um die Aggressivität als auch die Unruhe, die sich nach außen hin zeigen. Auf der anderen Seite steht die innerliche Seite.

Die innerlichen Verhaltensauffälligkeiten zeigen sich meistens durch Depressionen oder Angstzustände. Aufbrechen muss man heutzutage das Klischee, dass besonders Jungs nach solchen Erlebnissen zur Aggressivität bzw. Unruhe und Mädchen vor allem mit dem innerlichen Kampf aus Ängsten sowie Depressionen zu kämpfen haben. Diese Reaktionsweisen sind vermehrt geschlechtsunabhängig. Jungen zeigen immer mehr Anzeichen für Depressionen sowie Ängste. Mädchen hingegen werden zunehmend unruhiger sowie aggressiver. Wenn Kinder diese ganzen Symptome zeigen, dann diagnostizieren Ärzte allerdings schnell mal die Aufmerksamkeits-Defizit-Hyperaktivitätsstörung (kurz ADHS). Doch hier ist Vorsicht geboten! Natürlich können Kinder diese Störung aufgrund der Gewalterfahrungen im Elternhaus entwickeln. Aber nicht hinter jedem auffälligen Verhalten steckt ADHS. Im Übrigen können sich die Verhaltensauffälligkeiten ebenso bei einem Elternhaus bei den Kindern zeigen, die mit einem oder zwei alkoholkranken Elternteilen konfrontiert sind. Diese Kinder zeigen mitunter exakt dieselben Entwicklungsstörungen wie Kinder, die in einem gewaltsamen Elternhaus aufwachsen. Zudem kann auch beides vorliegen: Alkoholkranke als auch aggressive Eltern hinterlassen in der Seele ihres Kindes massive Spuren.

Ein kleiner Exkurs in Richtung Genetik. Das Belastungsrisiko, eine psychische Erkrankung zu haben, kann familiär bedingt sein. Ebenso der Alkoholismus. Die Eltern können bereits durch die eigenen Eltern vorbelastet sein. Weiterhin besteht das Risiko, bestimmte Krankheiten an das eigene Kind weiterzuvererben. Das Belastungsrisiko ist also oftmals innerhalb der Familie höher, als sich bestimmte Erkrankungen außerhalb des Familiennestes zu „holen“.

Schauen wir uns einmal die Kinderseele an, die Gewalt innerhalb der Familie erlebt. Wie erlebt das Kind die Gewalt? Aus der Sicht des Kindes:

- Wegen mir streiten sich meine Eltern.
- Ich muss meine(n) Mama/Papa beschützen.
- Ich bin dafür verantwortlich, dass sich mein(e)Vater/Mutter beruhigt.
- Wäre ich ein braves Kind, hätten meine Eltern keinen Grund zu streiten.
- Meine Sorgen muss ich verstecken, damit meine Eltern nicht noch mehr belastet werden.
- Ich muss immer gehorsam sein, um nicht der Anlass für mehr Gewalt zu sein.
- Ich bin dafür verantwortlich, dass sich Papa und Mama wieder vertragen.
- Mein(e) Papa/Mama kann sich nicht wegen mir vom Partner trennen.
- Ich habe das Gefühl, dass ich mit niemandem darüber reden darf.
- Ich möchte keine Hilfe von außen, weil ich das Gefühl habe, es ist eine Familienangelegenheit.
- Ich kann keine Hilfe von außen annehmen, weil es ein Verrat gegenüber meiner Familie wäre.
- Ich habe Angst, genauso zu werden wie mein(e) Papa/Mama.
- Mein(e) Papa/Mama hat Angst, dass ich genauso werde wie der aggressive Elternteil.

Das Verhalten der Eltern kann ebenso Auswirkungen auf die Partnerwahl oder auf das eigene Verhalten innerhalb einer Beziehung haben. Vielleicht sucht sich ein Kind als Erwachsener ebenso einen aggressiven Partner oder ist selbst gegenüber seinem Partner oder seiner Partnerin aggressiv. Dann hat sich die Gewaltspirale bereits in der nächsten Familie manifestiert. Vielleicht findet in Ihrer Familie gar keine Gewalt statt, aber Sie bekommen Gewalt innerhalb von anderen Familien mit. Dann ist es an Ihnen, von außen einzugreifen. Wenn Sie wollen, dann können Sie dem Jugendamt anonym mitteilen, dass vermutlich bei der Familie des besten Freundes Ihres Sohnes ein Gewaltpotenzial vorliegt. Erkennbar an den blauen Flecken bei Mutter oder Vater. Es kann vorkommen, dass Sie dann irgendwann als Zeuge vor dem Familiengericht erscheinen müssen, wenn es um das Thema „Kindeswohlgefährdung" geht. Häusliche Gewalt ist eben kein Kavaliersdelikt. Der betroffene Elternteil ist oftmals zu schwach, sich gegen den aggressiven Elternpart durchzusetzen. Sollte das Opfer doch die Kraft haben, dann bieten Sie dem Vater oder die Mutter Ihre Hilfe an, bis alles geklärt ist. Jugendämter können betroffene Familien unterstützen, indem sie Psychologen oder Einrichtungen empfehlen.

Ein Verdachtsmoment ist oftmals nicht ausreichend, um bereits das Jugendamt zu informieren. Wenn die Möglichkeit besteht, das Kind einmal ohne Eltern zu befragen, dann sollten Sie diese Chance bei Verdacht nutzen. Wenn zum Beispiel der beste Freund Ihres Sohnes auffälliges Verhalten zeigt, sollten Sie eingreifen. Besonders dann, wenn er zunehmend aggressives oder unruhiges Verhalten bei den gemeinsamen Spielnachmittagen zeigt. Sprechen Sie das Kind einmal daraufhin an. Ebenso gilt eben das Augenmerk auf das Kind zu richten, wenn es sich zunehmend zurückzieht. Weiterhin sollten die Alarmglocken läuten, wenn sich das Kind von einem fröhlichen zu einem eingeschüchterten Jungen entwickelt. Nehmen Sie das Kind beiseite und fragen Sie vorsichtig, wie die Situation zu Hause ist.

Da Kinder ihre „heile" Welt - die Familie - selten anschwärzen wollen, ist hier Fingerspitzengefühl gefragt. Manchmal müssen Sie sogar ausgebildete Fachkräfte zu Rat ziehen, um ein Verdachtsmoment korrekt zu bestätigen. Mit etwas Glück möchte das Kind aber sein Herz ausschütten. Dann erzählt es von ganz alleine, was zu Hause vorgeht. Dass zum Beispiel die Mutter aggressiv ist und Gegenstände durch die Gegend wirft und damit oftmals auch Papa verletzt oder dass der sonst so liebe Papa manchmal plötzlich wütend wird und der Mama ins Gesicht schlägt. Oftmals fällt auch der Satz bei den Kindern: „Ich möchte meinen Eltern so gerne helfen." So oder so sollten Sie bei einem Verdachtsmoment einschreiten, da Kinder sich meistens nicht von sich aus jemandem anvertrauen.

Ein weiterer wichtiger Punkt, weshalb Kinder sich selten anderen Erwachsenen anvertrauen, ist schnell gefunden: Ihnen wird einfach nicht geglaubt. Das „Wegsehen" als auch „Weghören" ist leider oftmals allgegenwärtig. Ein Kind findet den Mut, sich einem anderen Erwachsenen anzuvertrauen und dann wird ihm einfach nicht geglaubt. Es verliert den Mut, sich einem weiteren Erwachsenen anzuvertrauen. Mitunter ist dieses Erlebnis mindestens genauso schlimm für die Kinder wie die eigentliche Gewalterfahrung. Schließlich wird ihnen einfach nicht geglaubt. Dies untergräbt die Integrität des Kindes. Woher kommen diese Zweifel? Erwachsene neigen dazu, Gewalt zu verdrängen. Es passt einfach nicht in ihr heiles Weltbild. Der nette Nachbar von nebenan soll ein übler Schläger sein? Er ist doch gut betucht, hat so ein tolles Haus, fährt ein tolles Auto und ist doch immer ein Saubermann. Die Vorstellung, dass es sich beim lieben Nachbarn um eine aggressive Person handeln soll, können viele Erwachsene nicht begreifen. Mitarbeiter und Mitarbeiterinnen von sozialen Einrichtungen wie dem Jugendamt werden dahingehend geschult, dass sie ein Bewusstsein für solche Dinge entwickeln.

Dies können Gründe sein, wieso Erwachsene Kindern nicht glauben:

- Sie haben selbst nie häusliche Gewalt erfahren.
- Das Familien- oder Weltbild wurde idealisiert.
- Sie wiegeln ab, weil sie eigene traumatische Erlebnisse nicht wieder aufkeimen lassen wollen.
- Sozialarbeiter fühlen sich in ihrem Job überfordert.
- Freunde des Paares fühlen einen Loyalitätskonflikt.

## WENN SICH DIE GEWALT GEGEN DAS KIND RICHTET

Dieses ernste Thema ist deswegen erschütternd, weil Menschen, die bereits in ihrer frühen Kindheit direkte Gewalt erfahren haben, zum großen Teil noch dreißig Jahre und länger mit den Folgen zu kämpfen haben. Dies stimmte mich bei meinen Recherchen zum Ratgeber sehr traurig, denn es kann doch nicht sein, dass Kinder überhaupt jeglicher Gewalt ausgesetzt sind. Gewalt prägt ein Kind.

Sein ganzes Leben lang muss es mit den Konsequenzen leben. Allein schon, dass ein Kind deswegen eine Therapie machen muss, ist schlimm - auch wenn dem Kind innerhalb der Therapie geholfen wird. Es bleibt dramatisch, weil wir wissen, weswegen das Kind sich der Therapie stellen muss. Psychologen und Mitarbeiter vom Jugendamt berichten, dass es gar nicht einfach ist, herauszufinden, ob ein Kind innerhalb seiner Familie Gewalt erfährt. Es bedarf einer Menge an Feingefühl, die kleinste Schwingung vom Kind wahrzunehmen und zu erkennen, was wirklich zu Hause los ist. Noch immer ist häusliche Gewalt sowie Gewalt an Kindern ein Thema, das nur wenig angesprochen wird. Ein regelrechtes Tabu. Man mag es kaum glauben. Ein Unding, wenn Sie mich fragen.

Oftmals wird geschwiegen, um das heile Familienbild nicht zu gefährden. Dabei gibt es nur eine Gefahr und das ist die Gefahr fürs Kind. Sozialarbeiter und Sozialarbeiterinnen werden hellhörig, wenn Kinder andeuten, dass die Mama oder Papa sehr streng ist oder kein Widerspruch geduldet wird. Gefühl trügt selten, denn oftmals steckt hinter der scheinbar harmlosen „Strenge“ tatsächlich die zu züchtigende Hand, welche gewaltsam dem Kind ihren Willen aufdrängt. Aber nicht immer wird die Hand für die Prügelei genutzt. Gewalt wird auch mit Hilfe von Gegenständen erreicht. Der gefürchtete Teppichklopfer oder der berüchtigte Gürtel kommen dann zum Einsatz. Kinder berichten dann, dass die Eltern schlecht drauf waren, man ungehorsam war, nicht schnell genug fliehen konnte oder aber es regelrechte Rituale sind, das Kind nonverbal zu züchtigen.

Viele Kinder erleben diese Form der Gewalt bis zur Pubertät. Dann scheinen die Eltern der Meinung zu sein, ihr Kind zurechtgebogen zu haben. Andere berichten jedoch, dass die Prügelattacken durch den Vater oder durch die Mutter oder sogar durch beide Elternteile bis kurz vor den Zwanzigern weitergingen. Der Ausweg für diese jungen Erwachsenen ist oftmals nur der Auszug aus dem Elternhaus, um sich endlich aus der Situation zu befreien. Am meisten werden Jungen geschlagen, vor allem die Ältesten unter ihnen. Aber Mädchen müssen ebenfalls viel Gewalt über sich ergehen lassen.

Wie gehen aber Erwachsene mit den Gewalterfahrungen aus ihren Kindheitserlebnissen um? Um dies zu beantworten, führe ich nachfolgend einige Aspekte an:

**Bagatellisierung**

Viele Erwachsene „beschönigen" ihr Kindheitstrauma: „Im Grunde hat es mir nicht geschadet." Experten schätzen, dass die bereits erwachsenen Kinder immer noch versuchen, damit ihre Eltern, die sie trotz allem lieben, zu beschützen. Es ist ja eigentlich nicht so schlimm, was die geliebten Eltern taten. Aber eigentlich ist das eben absolut nicht korrekt. Es war schlimm und es wird immer schlimm bleiben. Es bringt nichts, sich diese Form der Gewalt „schön zu reden". Die Bagatellisierung wird am häufigsten eingesetzt, um die Gewalt der Eltern zu rechtfertigen. Vermutlich auch, um für sich selbst einen Schlussstrich zu ziehen.

**Verdrängung**

Ebenfalls sehr häufig ist die Verdrängung im Umgang mit der Gewalt in der Kindheit. Gewalt hat niemals stattgefunden, fragt man die Erwachsenen heute. Doch dahinter steckt nur der Versuch, das Erlebte endlich zu vergessen und niemals mehr darüber zu reden. Oft ist es auch so, dass die Erlebnisse tatsächlich verdrängt wurden. In Gesprächen mit

Psychologen kommt dann plötzlich Schicht für Schicht die eigentliche Wahrheit ans Licht. Das Gehirn hat einen Schutzmechanismus aktiviert, um das Kind vermeintlich zu schützen. Erlebt hat das Kind die Gewalt dennoch.

**Kein Vertrauen in menschliche Beziehungen**

Wird ein Kind geschlagen, dann wird sein Urvertrauen in die Menschheit massiv geschädigt. Mitunter kann es nie wieder einem Menschen zu 100 Prozent vertrauen. Weitere Folgen können sein, dass der Erwachsene immer das Gefühl hat, gewissen Situationen mit Menschen ausgeliefert und hilflos zu sein.

**Kaum fähig, Konflikte richtig aufzulösen**

Wenn wir Schläge einstecken müssen, fühlen wir uns nicht nur hilflos, sondern ebenso auch gedemütigt. Einige Kinder entwickeln sich dann zu unterwürfigen Personen, andere werden selbst aggressiv. Aber niemals haben die Kinder gelernt, dass man Konflikte auch anders lösen kann. Und wenn doch, dann können sie diese Strategien nicht wirklich anwenden, da ihnen die Erfahrung fehlt.

**Identifikationsprobleme entstehen**

Bei Männern kann zum Beispiel das Gefühl entstehen, dass richtige Männer gewaltsam sein müssen. Die hingegen sanften Männer werden niemals laut oder wütend. In psychologischen Sitzungen kommt raus, dass der Vater immer die Mutter geschlagen hat. Manchmal ist auch das Kind selbst das Opfer. „Wie mein Vater wollte ich nie werden.“, heißt es dann.

**Selbstliebe kaum existent**

Da ein Kind zu Anfang nicht zwischen seinen Gefühlen sowie den Gefühlen der Eltern unterscheiden kann, denkt es bei Gewalt, dass es selbst etwas falsch gemacht haben muss. Das führt dazu, dass das Kind selten ein grundsolides Selbstwertgefühl entwickeln kann. Selbstliebe ist ebenfalls kaum vorhanden. Mitunter entwickeln diese Kinder bis zum hohen Erwachsenenalter eine gewisse Art „Selbsthass". Sie sind grundlegend immer schuld an ihrer schlechten Lage - sie persönlich. Nicht der aggressive Chef, der sie anbrüllt, anstatt konstruktive Kritik an ihrer Arbeit auszuüben oder die einnehmende Freundin, die sie komplett kontrollieren kann.

**Probleme damit, sich abzugrenzen**

Manchmal entwickeln die Kinder, die selbst geschlagen werden, eine Art Helfersyndrom. Anstatt sich um ihr eigenes Seelenheil zu kümmern, stürzen sie sich in die Probleme von anderen hinein - um sich abzulenken und um das Gefühl zu haben, doch die Kontrolle über eine Situation zu haben. Des Weiteren fällt es ihnen schwer, sich von den Gefühlen anderer Menschen abzugrenzen. Sie fühlen zum Beispiel mit dem schlagenden Elternteil mit, suchen Gründe für das Verhalten der Eltern und wenn Freunde ihnen rührselige Geschichten erzählen, erleben diese Kinder diese unmittelbar mit. Dieses Verhalten wird bis ins Erwachsenenalter fortgesetzt.

**Umgang mit den eigenen Kindern ist schwierig**

Menschen, die gewaltsame Erziehung erlebt haben, neigen oft dazu, ähnliche Tendenzen im Umgang mit den eigenen Kindern zu besitzen. Manche haben sogar Angst, genauso aggressiv zu sein wie der eigene Vater oder die eigene Mutter und legen sich erst gar keine Kinder zu. Sie erlauben es sich nicht, den Wunsch nach eigenen Kindern zu haben. Wer sich nicht der Gewalt in der eigenen Kindheit stellt, könnte seine eigenen Kinder irgendwann schlagen - auch wenn man das nie wollte. Deswegen ist eine Aufarbeitung des Erlebten für Betroffene wichtig.

**Unkontrollierbare Wut**

Geschlagene Kinder unterdrücken ihre eigene Wut oftmals. Doch diese

Wut wird sich irgendwann entladen. Bereits im Schulalter kann dies passieren. Das Kind mutiert zum Klassenschläger. Zudem kann sich die Wut aber eben auch erst als Erwachsener entladen. Viele Erwachsene, die in die Drogenszene oder in die Kriminalität abrutschen, kommen aus einem zerrütteten Elternhaus.

Sie sehen: Gewalt ist niemals eine Lösung, sondern birgt immer die Gefahr von Folgeschäden für das Kind. Sollten Sie oder Ihr Kind von Gewalt betroffen sein, kann ich Ihnen nur empfehlen, sich Hilfe zu suchen. Zudem bleibt es nicht aus, ebenso die Hilfe von Profis in Anspruch zu nehmen. Psychologen, Seelsorger oder Mitarbeiter vom Jugendamt werden Sie auf Ihrem Weg und auf dem Weg Ihres Kindes zu einem Leben ohne Gewalt sehr gern begleiten.

Hier die Nummer des Hilfetelefons für Frauen: 08000 116 016. Bitte wenden Sie sich an diese Nummer, sollten Sie oder Ihr Kind unmittelbare Gewalt durch den Partner erleben.

Zudem hier die Nummer des Hilfetelefons für Männer: 0800 1239900. Sollte Ihre Partnerin Ihnen oder Ihrem Kind gegenüber aggressives Verhalten zeigen, dann rufen Sie diese Nummer an. Die Mitarbeiter helfen Ihnen gerne.

# Fazit

Wir sind bereits am Ende meines Ratgebers „„Mama möchte das nicht“ – Gewaltfreie Kommunikation mit Kindern“ angekommen. Beenden möchte ich den Ratgeber mit einem zusammenfassenden Fazit.

Kinder lernen durch uns, wie man respektvoll miteinander umgeht und in bestimmten Situationen richtig handelt. Im Grunde orientieren sich Kinder immer eher an unserem Handeln, nicht an dem, was wir ihnen sagen. Letztendlich können wir also nur vorleben, wie ein guter Mensch lebt und wie er aus Konfliktsituationen geschickt wieder herauskommt. Wenn wir unsere Kinder nur mit Worten, aber nicht mit Taten erziehen, werden sie nie den richtigen Umgang mit Streit erlernen. Vielmehr werden sie sich anderen Kindern genauso gegenüber verhalten, wie wir uns gegenüber anderen Erwachsenen verhalten. Ein Beispiel vom Abendessen: „Wenn du nicht aufisst, bekommst du keinen Nachtisch.“ Sie selber aber halten sich nicht daran und lassen ebenfalls Essen übrig, weil Sie unbedingt den leckeren Nachtisch probieren möchten. Ein anderes Beispiel: Sie mischen sich zu sehr in den Konflikt Ihrer Kinder ein und reißen dem einen Kind das Spielzeug aus der Hand, um es dem anderen Kind zu geben. Sie sind eben der Meinung, dass Kind A genug mit dem Spielzeug gespielt hat. Die Folge: Kind B lernt, dass seine Mama oder sein Papa nicht hinter ihm steht und es nicht schafft, sich durchzusetzen.

In jedem von uns steckt der Wunsch nach Belohnung, wenn wir etwas richtig gemacht haben oder die Angst vor den Konsequenzen, wenn wir etwas falsch gemacht haben. Selbstverständlich können Sie Ihr Kind bei einem exzellenten Zeugnis eine Belohnung geben oder härter durchgreifen, wenn es wirklich Mist gebaut hat. Aber grundlegend sollten Sie die Belohnungs- und Bestrafungsmethode nur dezent bei der Erziehung einsetzen. Sonst wird Ihr Kind regelrecht süchtig nach dem belohnenden

Anreiz.

Wenn Ihr Kind spürt, dass Sie mit Ihrem Empfinden bei ihm sind, steigert es erheblich das Selbstbewusstsein Ihres Nachwuchses. Kinder haben ein natürliches Gespür dafür, wenn die Eltern nicht zu ihren eigenen Gefühlen sowie Bedürfnissen stehen. Anstatt also zu sagen: „Bitte gehe jetzt schlafen, du siehst schon richtig müde aus.“, sollten Sie als Eltern ehrlich sein und mitteilen: „Ich bin total müde und benötige dringend erholsamen Schlaf. Wie sieht es bei dir aus?“ Tatsächlich führt dies eher zum Erfolg als der Befehl, ins Bett zu gehen. Vielleich schaffen Sie es auch, dass Ihr Kind Ihnen Vorschläge macht. Zum Beispiel, wie die Bedürfnisse von Ihnen als auch vom Kind selbst gestillt werden könnten. Aber nur, wenn wir unsere Emotionen und Bedürfnisse mitteilen, kann unser Gegenüber diese verstehen lernen. Kinder lernen dann, dass es Spaß machen kann, auch anderen eine Freude zu bereiten, besonders weil die Bedürfnisse beider Seiten gedeckt werden.

Vermeiden Sie es, Streitereien Ihrer Kinder zu beurteilen. Stellen Sie lieber die richtigen Fragen und zeigen Sie beiden Kindern, dass Sie auf beiden Seiten sowie hinter beiden Kindern stehen. Wenn Sie die richtigen Fragen stellen, zeigen Sie Interesse an beiden Kindern. Sie helfen den Kindern, die Aussagen richtig zu formulieren und leiten Sie an, gemeinsam eine Lösung zu erarbeiten.

Weiterhin ist es wichtig, dass Sie Ihrem Kind genügend Wertschätzung entgegenbringen. Sie sollten zu jeder Zeit die Bedürfnisse sowie Gefühle Ihres Kindes für bare Münze halten. Schließlich schafft dies Vertrauen. Ihr Kind fühlt sich bei Ihnen geborgen und weiß zu jederzeit, dass es bei jedem Problem zu Ihnen kommen kann. Es lernt, anderen zu vertrauen.

Es ist wichtig, dass Sie bei der Erziehung eine klare Linie fahren. Wenn Sie Ihre Kinder dahingehend anleiten, gewaltfrei zu kommunizieren, wird sich mit der Zeit zeigen, dass Ihre Kinder immer weniger auf Ihre Hilfe angewiesen sind. Mit jedem Stück mehr Eigenverantwortung wächst auch parallel die Bedeutsamkeit von gemeinsamer Lösungsfindung, sodass beide Streithähne am Ende zufrieden aus der Situation hervorgehen - ohne Verlierer. Ihre Kinder sollten von Anfang an lernen, dass sie ebenbürtig sind. Keiner ist dem anderen überlegen. Die Eltern lieben und unterstützen beide auf gleiche Art und Weise. Niemand hat die Macht über den anderen.

Der Umgang mit gewaltfreier Kommunikation kann unsere Gesellschaft grundlegend verändern, denn Konflikte werden zugunsten beider Streitenden aufgelöst. Die Bedürfnisse beider Parteien werden befriedigt. Wenn wir unsere eigenen Bedürfnisse erkennen können, aber auch die unseres Gegenübers, können sich mitunter sogar festgefahrene Feindbilder auflösen. Die Voraussetzung dafür ist allerdings, dass beide Seiten gleichwertig behandelt werden und gemeinsam eine Lösung finden. Die gewaltfreie Kommunikation ist also nicht nur eine großartige Methode, um Kinder groß zu ziehen, nein, auch wir Erwachsene können noch eine Menge von der gewaltfreien Kommunikation lernen.

Aus meiner persönlichen Erfahrung als Mama zweier wunderbarer Kinder kann ich Ihnen versichern, dass die gewaltfreie Kommunikation den Umgang mit meinen Kindern erheblich erleichtert hat. Zwar bedeutet die Anwendung der gewaltfreien Kommunikation etwas mehr Arbeit, aber es lohnt sich gleich doppelt. Der Konflikt zwischen mir und den Kindern oder den Kindern unter sich wird aufgelöst und kommt so schnell nicht wieder. Anders, als mit den üblichen Methoden, wie das Machtwort oder Strafen auszusprechen. Der Konflikt ist damit nämlich nie gelöst und bricht dann wenige Zeit später wieder aus. Außerdem lernen meine beiden Kinder, wie sie in Streitsituationen richtig reagieren können. Dadurch, dass ich beiden Kindern gleichzeitig vermittle, dass ich ihre Gefühle, Ängste und Sorgen ernst nehme und ihre Konflikte verstehe, steigert sich automatisch ihr Vertrauen mir gegenüber. Zudem werden meine Kinder ganz bestimmt zu Erwachsenen, die mit einem gesunden Selbstbewusstsein ausgestattet sind.

Im Übrigen hat mir die gewaltfreie Kommunikations-Methode ebenso auf meiner Arbeit geholfen. Immer dann, wenn Konflikte auftreten, wende ich selbst die gewaltfreie Kommunikation an. Mittlerweile konnte ich sogar meinen Chef von dieser Methode überzeugen. Ich arbeite in einem Büro und nun gibt es immer wieder Seminare zum Thema „Gewaltfreie Kommunikation". Das Miteinander hat sich auf unserer Arbeit erheblich verbessert. Dasselbe kann ich vom Zusammenleben zwischen mir, meinem Partner und den Kindern behaupten.

Zitat von Marshall B. Rosenberg:

*„Wie ich entscheide, eine Situation zu betrachten, beeinflusst ganz wesentlich, ob ich die Macht habe, sie zu ändern oder ob ich die Dinge verschlimmere."*

# Quellen

**Allgemein**

- https://www.gewuenschtestes-wunschkind.de/2015/01/gewalt-freie-kommunikation-nach-mit-kindern-nach-marshall-b-rosen-berg.html?m=1
- https://www.kinderleute.de/gewaltfreie-kommunikation/
- https://waltrup.com/gewaltfreie-kommunikation-mit-kindern/
- https://www.familienleben.ch/kind/erziehung/gewaltfreie-kom-munikation-1444
- https://www.empathie.com/gewaltfreie-kommunikation-kinder/
- https://www.soft-skills.com/gewaltfreie-kommunikation/
- http://de.nextews.com/8109197b/
- https://www.landsiedel-seminare.de/wissen/gfk/wolfssprache-und-giraffensprache-gfk.html
- https://dieter-jenz.de/lc/10-inspirierende-zitate-von-marshall-rosenberg

**Disziplin & Angst**

- https://www.vaterfreuden.de/vaterschaft/erziehungsfragen/dis-ziplin-und-kinder-%E2%80%93-wie-geh%C3%B6rt-das-zusam-men

**Bedürfnisse**

- https://www.ostseeraeuberbande.de/elternbed%C3%BCrfnisse-im-attachment-parenting/
- http://www.familien-mit-zukunft.de/in-dex.cfm?uuid=B84D735FCC335A52A08B61C06313646C&and uui d=C2DE6394D6D0BA50B8A9A8F34F5CE232

**Kinder unter sich**

- https://www.herder.de/kizz/kinderbetreuung/problemekindergarten/gewalt-unter-gleichaltrigen-im-kindergarten-kneifen-kratzen-kaempfen/

- https://www.kindergartenpaedagogik.de/fachartikel/bildungsbereiche-erziehungsfelder/soziale-und-emotionale-erziehung-persoenlichkeitsbildung/konflikte-in-der-kita-warum-streiten-so-wichtig-ist
- https://www.zeitblueten.com/news/kinder-streit-konflikt-loesen/
- https://www.praxis-jugendarbeit.de/jugend-probleme-themen/17-Konflikte-zwischen-Kindern-und-Jugendlichen.html
- https://www.eltern-bildung.at/expert-inn-enstimmen/konflikte-unter-kindern-begleiten/

**Kindern ein Vorbild sein**

- https://www.wissen.de/eltern-als-vorbilder-lebensweg-der-kinder-nachhaltig-praegen

**Folgeschäden durch Gewalterfahrungen**

- https://gedankenwelt.de/wie-haeusliche-gewalt-kindern-schadet/
- https://www.persoenlichkeits-blog.de/article/319/welche-folgen-hat-es-als-kind-geschlagen-worden-zu-sein

**Borderline**

- www.neurologen-und-psychiater-im-netz.org

**Links zu den PDFs**

- https://www.liga-brandenburg.de/WENN-KINDER-HAeUSLICHE-GEWALT-ERLEBEN-Auswirkungen-und-Handlungsoptionen-Vernetztes-Handeln-862279.pdf
- https://www.gewaltfreie-kommunikation-seminare.com/wp-content/uploads/01_GFK-in-der-Erziehung-von-Kindern_Vortrag.pdf

- https://application.wiley-vch.de/books/sample/3527708219_ch01.pdf
- https://www.kita-fachtexte.de/fileadmin/Redaktion/Publikationen/FT_leitner_2011.pdf

Wir danken Ihnen für Ihr Interesse und Ihr Vertrauen. Als Dankeschön dafür, haben wir eine besondere Überraschung. Wir haben exklusiv für Sie „Die ultimative Checkliste für gewaltfreie Kommunikation". Erfahren Sie außerdem, welche Vorteile die gewaltfreie Kommunikation Ihnen bieten kann. Und diese erhalten Sie vollkommen kostenlos. Das klingt wunderbar? Dann warten Sie nicht lange und holen Sie sich Ihr Gratis-Geschenk.

## Hier geht es zu Ihrem Gratis-Geschenk:

https://forms.gle/BdPRVkWi5nZUbqWm9

1. **Öffnen Sie die Kamera-App auf Ihrem Smartphone und richten Sie die Kamera auf den QR-Code.**
2. **Klicken Sie auf den Link, der Ihnen angezeigt wird und schon werden Sie zur Website weitergeleitet.**

# Impressum

Herausgeber: Malik & Mähleke GmbH / Ericusspitze 4 / 20457 Hamburg
Kontakt: kontakt@empireofbooks.de
Website: https://empireofbooks.de
Coverbild: Shutterstock

**Haftungsausschluss:**
Die Nutzung dieses Buches und die Umsetzung der enthaltenen Informationen, Anleitungen und Strategien erfolgt auf eigenes Risiko. Der Autor kann für etwaige Schäden jeglicher Art aus keinem Rechtsgrund eine Haftung übernehmen. Haftungsansprüche gegen den Autor für Schäden materieller oder ideeller Art, die durch die Nutzung oder Nichtnutzung der Informationen bzw. durch die Nutzung fehlerhafter und/oder unvollständiger Informationen verursacht wurden, sind grundsätzlich ausgeschlossen. Rechts- und Schadenersatzansprüche sind daher ausgeschlossen. Dieses Werk wurde sorgfältig erarbeitet und niedergeschrieben. Der Autor übernimmt jedoch keinerlei Gewähr für die Aktualität, Vollständigkeit und Qualität der Informationen. Druckfehler und Falschinformationen können nicht vollständig ausgeschlossen werden. Es kann keine juristische Verantwortung sowie Haftung in irgendeiner Form für fehlerhafte Angaben vom Autor übernommen werden. Die bereitgestellten Analysen, Vorschläge, Ideen, Meinungen, Kommentare und Texte sind ausschließlich zur Information bestimmt und können ein individuelles Beratungsgespräch nicht ersetzen. Alle Informationen dieses Buches entsprechen dem Kenntnisstand zum Zeitpunkt des Verfassens dieses Buches. Eine Haftung für mittelbare und unmittelbare Folgen aus den Informationen dieses Buches ist somit ausgeschlossen.
Informieren Sie sich weitläufig aus unterschiedlichen Quellen und bedenken Sie, dass am Ende nur Sie für die Entscheidungen verantwortlich sind.



**Haftung für externe Links:**
Unser Angebot enthält Links zu externen Websites Dritter, auf deren Inhalte wir keinen Einfluss haben. Deshalb können wir für diese fremden Inhalte auch keine Gewähr übernehmen. Für die Inhalte der verlinkten Seiten ist stets der jeweilige Anbieter oder Betreiber der Seiten verantwortlich. Die verlinkten Seiten wurden zum Zeitpunkt der Verlinkung auf mögliche Rechtsverstöße überprüft. Rechtswidrige Inhalte waren zum Zeit-punkt der Verlinkung nicht erkennbar.